輕鬆學年金理財

個人年金保險
商品實務與研究

廖勇誠 著

自序

　　筆者有幸於逢甲大學保險學研究所學習，並師承國際知名年金保險學者：方明川教授，讓筆者於1995年就能開始沉浸於年金理財領域，實在非常幸運！隨後，在壽險業界工作十多年，又有幸於中國天津南開大學經濟學院承蒙朱銘來教授指導年金保險與保險經濟，讓個人在保險理財領域更上層樓，實是另一個幸運！

　　本書之編著源於筆者對於人口高齡化的憂心與對於退休理財的興趣，本書主軸定位於年金保險商品內容與保費趨勢，期望透過本書可以讓年金保險與退休理財，在兩岸產官學界皆能更具突破性的進展。本書部分內容摘錄與修訂自個人碩博士論文與著作，並整合筆者壽險商品與經營企劃實務研究一併融合成書，期望能對於年金保險領域略盡棉薄。

　　筆者常利用假日或下班期間埋首於研究寫作中，感謝內人對於家庭的付出與辛勞。另外，深深地感謝爸媽、家人、親友、師長們與長官同事們長期的關懷與支持，謹以本書獻給他們！！最後筆者雖戮力以赴，但個人智識有限，恐有疏漏或謬誤，尚祈海內外宏達與專家前輩指正。

廖勇誠 謹識於
鑫富樂文教事業有限公司

目 錄

架構圖：個人年金保險商品實務與研究

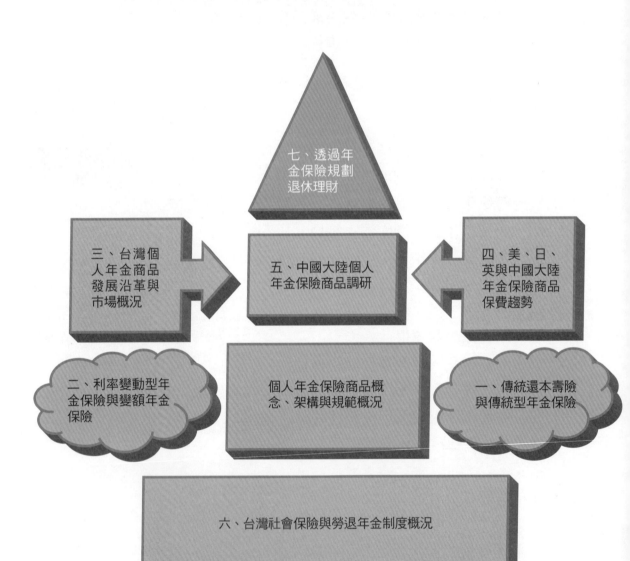

七、透過年金保險規劃退休理財

三、台灣個人年金商品發展沿革與市場概況

五、中國大陸個人年金保險商品調研

四、美、日、英與中國大陸年金保險商品保費趨勢

二、利率變動型年金保險與變額年金保險

個人年金保險商品概念、架構與規範概況

一、傳統還本壽險與傳統型年金保險

六、台灣社會保險與勞退年金制度概況

個人年金保險商品概念
與傳統型年金保險商品概況

一、個人年金保險商品的意義與功能

二、年金保險有哪幾個種類

三、傳統還本型壽險商品內容與規範概況

四、傳統型年金保險的商品內容與規範概況

Q&A

■ 保險法對於年金保險之定義？

■ 年金保險依照年金給付始期分類，可分為哪幾種？

■ 年金保險依照商品種類或給付單位為定額或變額分類，可分為哪幾種？

■ 傳統型年金保險的年金保單價值準備金如何累積？

■ 傳統還本型壽險的保單價值準備金如何累積？

一、個人年金保險商品的意義與功能

　　台灣於81年2月修訂保險法，在人身保險章增列年金保險，確立年金保險法源。保險法第135條-1規定：「年金保險人於被保險人生存期間或特定期間內，依照契約負一次或分期給付一定金額之責。」可知年金保險的定義，應以生存與否的保險事故，作為年金給付與否的標準，概念上年金保險可說是透過保險契約的方式提供客戶生存期間年金給付的商品。

　　整體來說，年金保險商品除了提供活得愈久領得愈多的終身生存年金給付外，更強調累積期間（遞延期間）的儲蓄與投資功能；因此透過年金保險不僅可以規劃退休理財，也可以規劃子女教育基金、財富移轉計畫、中長期儲蓄計劃、中長期投資計畫與節稅計畫，其理財功能相當多元！

根據內政部年齡統計資料，100年底台灣65歲以上的老年人口佔率為10.89%，已超出世界衛生組織的老人國標準7%頗多。

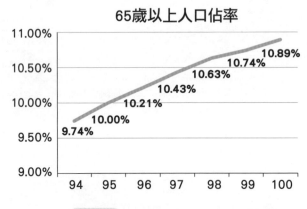

圖1.1 歷年老年人口佔率趨勢

資料來源：內政部

依據2008年度安聯集團針對美國、日本與許多西歐國家民眾所作調查：

(1)美國民眾資產配置前三名：1.股票或共同基金(佔率達40%)，2.年金和保險商品(佔率達28.2%)，3.銀行存款(佔率達19.1%)，可見年金和保險商品對於美國民眾資產配置的重要性。

(2)日本民眾資產配置前三名：1.銀行存款(佔率達55%)，2.年金和保險商品(佔率達27%)，3.債券(佔率達8.5%)。

(3)西歐國家民眾資產配置前三名： 1.銀行存款 (佔率達34.7%)，2.年金和保險商品(佔率達34.5%)，3.股票或共同基金 (佔率達20.2%)。

二、年金保險有哪幾個種類

1.年金保險依照商品種類或給付單位為定額或變額分類

　　年金保險依照商品種類或給付單位為定額或變額分類，可以概分為傳統型年金保險、利率變動型年金保險與變額年金保險。傳統型年金保險商品預定利率為固定，投保後年金保險保費與未來每年領取的年金金額就已確定，概念與一般壽險商品相近。相較之下，利率變動型年金保險與變額年金保險屬於新型態的年金保險商品，金融理財功能較強。利率變動型年金商品，其概念類似一年定期存款或定期儲蓄存款加上終身生存年金保險保障。變額年金保險商品，其概念類似共同基金等投資標的加上終身生存年金保險保障。

2.年金保險依繳納保費方式分類

　　年金保險依照繳納保費方式分類，可分為躉繳保費、分期繳保費或彈性繳保費的年金保險。躉繳保費只繳納一次保費；分期繳保費需要定期繳納保費。目前許多銀行銷售的年金保險都以躉繳為主，投保躉繳年金保險通常保費的門檻比較高，諸如：10萬~50萬台幣；保戶投保時可要多加留意。通常傳統型即期年金保險均為躉繳；利率變動型年金保險也絕大部分為躉繳；變額年金保險則有躉繳與分期繳結合彈性繳費的商品型態。

　　另外，彈性繳費即為不定期不定額繳費，保戶可隨預算多寡彈性繳費，可以多次繳納、也可以只繳納一次，保費繳納金額可以不固定，可高可低，充滿彈性。彈性繳費的另一特色為保費繳納金額或繳納時點通常不影響契約效力，明顯與傳統型壽險商品不同。傳統型壽險商品保費繳納金額與時點固定，未依照約定金額與約定時點繳納保費，契約可能停效或終止；這點與彈性繳費的變額年金保險不同。舉例來說，許多壽險公司銷售的分期繳變額年金保險商品，保戶繳納目標保費或基本保費外，還可以彈性繳納增額保險費，而且保戶可辦理緩繳或停繳目標保費或基本保費，十分便捷。

3.年金保險依照年金給付始期分類

年金保險依照年金給付始期分類，可分為即期年金保險與遞延年金保險。

(1)即期年金保險

即期年金保險為躉繳保費年金商品，保戶投保後，當年年底或下一期就可以定期領取年金給付，非常適合屆臨退休年齡客戶或已累積足夠退休金的客戶投保。由於台灣正處於低利率環境且商品預定利率水準低，因此預定利率固定型態的傳統即期年金保險幾乎停售；但仍有部分公司推出利率變動型即期年金保險商品、分紅即期年金保險商品或變額即期年金保險商品。就近年業績分布來看，台灣壽險市場無論銀行通路或業務員通路，所銷售的年金保險商品絕大部分為遞延年金保險商品，即期年金保險商品之業績佔率低於1%。

(2)遞延年金保險

遞延年金保險的契約期間可區分為累積期間(遞延期間)與年金給付期間。保戶繳納保費後，年金保單的保單價值準備金將依據商品預定利率、宣告利率或基金淨值累積保單價值準備金或投資帳戶價值；等到年金化後進入年金給付期間，年金被保險人生存，受益人就可以定期領取終身生存年金給付，可以提供保戶活的愈久，領的越多的退休生活保障。

另外，年金給付期間領取年金的機制，類似即期年金的概念，而且近年台灣壽險市場主要的年金給付模式多採取利率變動型年金保險給付模式。台灣利率變動型年金保險示範條款，包含二類型利率變動型年金保險示範條款：甲型與乙型。甲型與乙型的主要差異在年金給付開始後，甲型為定額年金給付；乙型則為利率變動型年金給付概念。甲型的利率變動型年金保險在年金給付期，若年金給付金額一旦決定，年金給付金額維持固定不變。相較之下，乙型的利率變動型年金保險在年金給付期，首期年金給付金額決定後，第二期以後的年金給付金額將隨預定利率與第二期以後的宣告利率，調整未來各期的年金給付金額。

另外，若將視野擴展至美國年金保險商品的年金給付選擇，可發現美國的年金給付選擇十分多元化。舉例來說，美國的變額年金保險累積期間屆滿，保戶可以選擇一次給付，也可以選擇變額或(與)定額年金給付。保戶如果選擇年金給付，可進一步選擇適宜的年金給付種類；諸如：純粹生存年金、N年保證生存年金、退費式生存年金、純粹連生年金、N年保證連生年金、確定期間年

金給付、確定金額年金給付等選擇，相較之下，選擇多元也更有彈性，可供借鑑。

4.年金保險依照是否收取附加費用分類：

附加費用率為投保時，自所繳保費扣收的前置費用(Front-end charge)。有些壽險公司的年金商品將附加費用稱作保費費用，其實道理相同。目前壽險市場上，利率變動型年金保險主要為躉繳而且需要收取保費費用與解約費用。變額年金保險則存在躉繳、分期繳或彈性繳的年金商品型態，而且包含有收取保費費用的年金保單以及不收取保費費用的年金保單；不收取保費費用的年金保單稱為費用後收(Back-end charge)年金保單。

就變額年金保險來說，附加費用率收取過高，相當於客戶的所繳保費（資金）可投入投資帳戶或基金標的之比例或金額就減少，更容易引發糾紛。為避免壽險公司在首年收取過高費用，因此對於變額年金保單費用收取，金管會保險局訂有相關規範與限制。

三、傳統還本型壽險商品內容與規範概況

傳統還本壽險概念上為年年還本的壽險商品，其商品架構多為終身壽險保障，也可以是養老保險架構。傳統還本型壽險可為分紅保單或不分紅保單，在台灣壽險市場近年以不分紅保單為主流。險種分類上，還本型終身壽險歸屬於人壽保險，而非年金保險。針對還本終身壽險的商品內容與主要規範摘要如後。

表1.1 台灣分期繳還本型終身壽險商品內容與規範摘要

項目	分期繳還本型終身壽險商品內容與規範摘要
主要商品	不分紅還本終身保險為主流
預定利率	●商品預定利率隨著責任準備金提存利率的調整而陸續下修 ●目前台幣保單預定利率大約為1.75％～2.25％
身故保險金	通常為三者取大給付：保險金額、保單價值準備金與(所繳保費扣除已領生存保險金)

項目	分期繳還本型終身壽險商品內容與規範摘要
全殘保險金	通常與身故保險金相同
生存保險金	主要為繳費期間立即還本；但也有繳費期滿還本的終身壽險
祝壽保險金	通常多為被保險人年齡屆滿110歲時給付祝壽保險金
責任準備金提存利率	商品預定利率隨著責任準備金提存利率的調整而陸續下修；目前台幣保單責任準備金提存利率大約為1.75%～2.25%
外幣保單責任準備金提存利率	目前美元終身壽險保單責任準備金提存利率大約為3%~3.5%
分紅保單商品型態	英式分紅或美式分紅
分紅保單保戶盈餘分配比例	≧70%
主管機關商品審查制度	絕大部份採備查制；少部份採核准制審查
備註	

資料來源：本研究歸納

　　其次，金管會保險局對於傳統壽險商品預定利率的監理，主要透過新契約法定責任準備金提存利率的規範。近年傳統壽險商品預定利率隨著責任準備金提存利率的調整而陸續下修。保險局在95年頒佈人身保險業新契約責任準備金利率自動調整精算公式，並陸續頒佈提存利率標準；主要方向為依繳費期間與負債存續期間訂定不同的責任準備金提存利率。舉例來說，繳費20年期之台幣終身壽險保單的新契約準備金提存利率為2.25%；壽險市場上繳費20年期的台幣終身保單的預定利率大約為1.75%～2.25%。摘錄台幣保單的新契約責任準備金利率規定如下：

表1.2　傳統壽險責任準備金提存利率概況

台幣保單種類	責任準備金提存利率
躉繳6年期養老保險	1.00%
躉繳7年期養老保險	1.25%
6年繳費6年期養老保險	1.50%
躉繳終身壽險保單	2.00%
2年繳費終身壽險保單	2.00%
6～30年繳費的終身壽險保單	2.25%

資料來源：本研究參酌101年責任準備金提存利率規範自行分析研究

四、傳統型年金保險的商品內容與規範概況

台灣最早推出的年金保險商品為傳統型年金保險，包含保證給付型傳統年金保險，多家壽險公司於86～88年度推出傳統型年金保險，隨後才陸續推出變額年金保險與利率變動型年金保險。傳統型年金保險的商品預定利率、每期繳納的保費金額、年金保單價值準備金與未來年金給付金額，投保時都已經確定，這點與年年還本的終身壽險概念相近。

另外，傳統型遞延年金保險在累積期間繳納的保費金額是固定的，年金給付期間領取的年金金額也投保時就已經確定，預定利率也投保時就確定。商品型態方面，傳統型年金保險商品可以為分紅或不分紅型態；分紅的傳統型年金保險的紅利部分並非保證，但年金保單價值準備金的累積金額或年金領取金額有機會因紅利而調高，較能符合客戶的期待。另外，傳統型即期年金或遞延年金保險的年金給付期間，通常有多種保證年金型態供保戶選擇，諸如：最低保證領取15年或20年的年金保險；抑或最低可領回所繳保費金額的年金給付型態，可避免年金領取人因為短期身故，而造成年金領取金額過低的爭議發生。

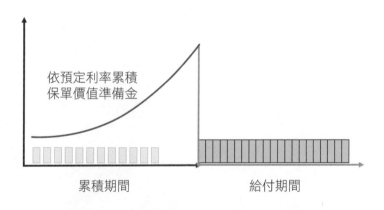

圖1.2 傳統型遞延年金保險架構圖

由於台灣近年處於低利率環境且商品預定利率水準低，因此傳統型年金保險幾乎停售，取而代之的是銷售業績傳出捷報的利率變動型年金保險。利率變動型年金保險的宣告利率可隨市場利率調高或調低，較符合市場需求。另外，利率變動型年金保險的穩定儲蓄、彈性提領與低費用率等儲蓄特質頗具特色與誘因，也讓台灣利率變動型年金保險頗受好評，業績呈增加趨勢。

健康分享篇：

● 得到了全世界，失去了健康，人生又有什麼意義呢？

● 保持愉悅的心情及持續的運動習慣，就是邁向健康的第一步！

● 人體也有使用注意需知，別忘了多聆聽與關注身體發出的健康警訊！

Chapter 2

利率變動型年金保險與變額
年金保險商品內容與規範概況

一、利率變動型年金保險的商品內容與規範概況

二、變額年金保險的商品內容與規範概況

Q&A

■ 利率變動型年金保險的年金保單價值準備金如何累積？

■ 變額年金保險的投資帳戶價值如何累積？

■ 請比較傳統還本壽險與利率變動型年金保險二者之主要
差異？

■ 請比較利率變動型年金保險與萬能保險之主要差異？

■ 請比較變額萬能壽險商品與變額年金商品之主要差異？

■ 依主管機關規範，變額年金保險允許連結哪些標的？

一、利率變動型年金保險的商品內容與規範概況

利率變動型遞延年金保險商品，不僅重視年金給付期間活得愈久領的愈多的終身生存年金給付，更著重在累積期間（遞延期間）的儲蓄功能。在累積期間，年金保單要保人繳納保費予壽險公司並委託壽險公司運用與管理。利率變動型年金保險的年金保單價值準備金主要依照宣告利率累積，而且年金保單價值準備金逐年隨著宣告利率累積，因此年金保單價值準備金金額也隨保單年度經過而增高。另外，概念上利率變動型年金保險具有穩定儲蓄功能，保戶投保利率變動型年金保險後之虧損有限，通常1~3年後年金保單價值準備金就超過保戶所繳納的躉繳保險費。

利率變動型年金保險的宣告利率，通常會依據市場利率或資產區隔報酬率而波動，並非保證或固定。因此相較於傳統型遞延年金保險，利率變動型年金保險的宣告利率是波動的，而傳統型年金保險則為固定的預定利率，這點為二者的重要差異。進一步來說，利率變動型年金保險的宣告利率通常適用一年或一個月，該期間內(一年內或一個月內)自然宣告利率維持不變；但超過該期間後，宣告利率則可能調高、調低或維持不變。不過台灣壽險市場也有部分壽險公司推出具有續期保證利率特色的利率變動型年金保險商品，例如：宣告利率不低於1.5%或宣告利率不低於三行庫二年定儲利率。

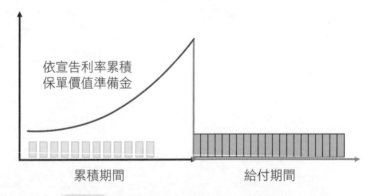

依宣告利率累積保單價值準備金

累積期間　　　　　　　　給付期間

圖2.1 利率變動型遞延年金保險架構圖

其次，無論就費用高低、投保手續簡便與否或商品複雜度比較，利率變動型年金保險皆存在絕對的優勢。相較於變額年金保險、傳統壽險或萬能壽險，利率變動型年金保險投保手續單純，因為僅為年金保險，並無身故保障、也無體檢問題、無投資標的風險問題、費用項目單純且較低，且通常也不允許附加

附約；因此即使老年人投保，投保手續也相對單純。

進一步來說，投保利率變動型年金保險後，年金保單價值準備金透過宣告利率累積，概念簡單，類似銀行定期存款概念，而且屬於穩定儲蓄商品，通常虧損問題較小。費用方面，由於利率變動型年金保險的費用完全透明化，繳納保費後需要扣除的各項費用逐一清楚列示；這點與傳統型年金保險或終身壽險明顯不同。

隨著商品多元化發展與日新月異，利率變動型年金保險的重要特質不斷新增，諸如：每年免費提領保單價值準備金的5%，5%金額內的提領或解約可以不需負擔解約費用。另外，美國許多公司定額年金保險還針對特定事故，諸如：殘廢、長期醫療照護需求或生命末期等事故，給予客戶解約或提領免收解約費用的特色，頗具人性化。其次，外幣收付的利率變動型年金保險已在台灣壽險市場推出，而且也可說是主流商品之一。

另外，利率變動型年金保險與一般傳統型保險商品的資產相同，皆由壽險公司負責投資運用，而非透過分離帳戶累積資金；但利率變動型年金保險或萬能保險又與一般傳統壽險不同，因為利率變動型年金保險或萬能保險資產需辦理資產區隔，壽險公司參酌資產區隔報酬率與市場利率每月宣告利率，因此宣告利率並非固定或保證，這點與一般傳統壽險不同。

綜合來說，利率變動型年金保險具有多元年金給付選擇、費用透明化、部分提款、依宣告利率儲蓄、商品簡單易懂、投保手續簡便等商品內容；而且可能包含諸如：免費提領、加值利率等設計。因此新型態的利率變動型年金保險可說是穩定儲蓄型保險理財工具，同時具有儲蓄與退休理財功能；概念上利率變動型遞延年金在累積期間與定期存款、債券等儲蓄理財工具類似，都屬於穩定儲蓄型理財工具。

表2.1 台灣利率變動型年金保險的商品內容與規範研究

項目	利率變動型年金保險商品摘要內容
繳費方式	● 躉繳，分期繳
保障型態	● 即期年金：保證期間內身故給付未支領的（保證）年金餘額予受益人。 ● 遞延年金：累積期間內身故返還年金保單價值準備金。

項目	利率變動型年金保險商品摘要內容
保單貸款	●即期年金：不可辦理保單貸款。 ●遞延年金：累積期間可辦理保單貸款，年金給付期則否。
解約	●即期年金：投保後不可辦理解約。 ●遞延年金：累積期間可辦理解約，年金給付期則否。
保額變更	●即期年金：投保後不可辦理年金保額的變更。 ●遞延年金：通常累積期間僅有保單價值準備金，尚無明確的年金保額； 　待年金化時，再行依據保單價值準備金決定年金保額。
責任準備金提存	●未提供保證利率的年金保險：基本上計算方式同保單價值準備金。 ●附保證利率的年金保險：需增提保證部份的準備金。
宣告利率	●受限資產區隔的投資收益率。 ●主要宣告利率適用模式：月宣告，適用一年或月宣告，適用當月。
最低利率保證	●可提供最低宣告利率保證，但須增提準備金
附加費用 (保費費用)	●利率變動型年金保險的附加費用或保費費用通常較萬能保險低。 ●99年11月前並無明確限制；99年11月起對於附加費用，要求必須收取。
解約費用	99年11月前並無明確限制；99年11月起對於解約費用，要求必須收取且解約費用期至少三年，每年至少1%。
保險費用	無 (因無身故危險保額)
免費提領	部分商品提供每年5~10%免費提領
加值利率	部分公司提供
一次給付或年金 給付方式	●依據示範條款，可以選擇一次給付，稱為遞延期滿保險金；遞延期滿保 　險金為遞延期間屆滿時的保單價值準備金。 ●年金給付多為利率變動型即期年金給付模式。
外幣保單	已有外幣收付利率變動型年金保單
安定基金	保險業安定基金可提供適度的保障
主要規範	人身保險商品審查應注意事項與利率變動型年金保險示範條款

資料來源：本研究歸納

利率變動型年金保險VS.萬能壽險

利率變動型年金保險與萬能壽險皆透過宣告利率累積年金保單價值準備金，主要差異為年金保險並無壽險身故保障而萬能壽險則有壽險身故保障。然而其實利率變動型年金保險與萬能壽險的差異頗多，不僅止於壽險保障之差異。

基本上選擇年金保險的保戶較強調其儲蓄或退休規劃功能；萬能壽險則強調其儲蓄及保障功能，二種商品本質上的差異，也造就了萬能壽險與利率變動型年金保險的不同態樣。利率變動型遞延年金保險既然無壽險身故保障，強調儲蓄與退休規劃，則保費費用或解約費用定然需要較低，否則如何能與其他類似的儲蓄工具如活存與定存商品競爭。

1.利率變動型遞延年金保險內容範例

利率變動型年金保險之保費主要來源為躉繳，附加費用率普遍較低，例如1%或0.5%；而且解約費用期多為三年。累積期期滿可以選擇一次領取年金保單價值準備金（遞延期滿保險金），也可選擇年金化，每年領取年金給付。

表2.2 台灣利率變動型遞延年金保險內容範例

壽險公司	C人壽	A人壽
商品	利率變動型年金	利率變動型年金
銷售年齡	0歲-70歲	0歲-70歲
繳別	躉繳	月、季、半年、年繳及彈性繳
保費金額限制	10萬-5,000萬	分期繳: 5,000元 彈性繳: 10,000元
宣告利率	2%，不得為負數	1.7%，不得為負數
附加費用率	1.00%	0.50%
解約費用率	2.5%、2%、1.5%	3%、2%、1%
給付內容	1.年金 2.返還年金保單價值準備金 3.遞延期滿保險金	1.年金 2.返還年金保單價值準備金 3.遞延期滿保險金
給付開始日	年金累積期間不得低於10年(80歲前)	年金累積期間不得低於10年(80歲前)
保證期間或金額	15年、所繳保費	10、15、20年
年金金額限制	每年新臺幣1萬元至120萬元。	每年新臺幣1萬元至120萬元。
給付金額	第一年度依據當時預定利率及主管機關訂的年金生命表與規範計算。 第二年度起=前一年度可領的年金金額＊當年度調整係數。	依據當時預定利率及主管機關訂的年金生命表與規範計算。
調整係數	（1＋前一年金給付週年日當月宣告利率)/(1＋預定利率）	平準型，無調整係數

不能單純從宣告利率高低判斷利率變動型年金保險報酬率。報酬率應依據宣告利率、附加費用率、解約費用率等一併計算，才是正確的。

2.台灣利率變動型即期年金保險內容範例

　　台灣壽險市場目前的利率變動型即期年金保險保費佔率雖低，但隨著人口老化與退休規劃需求增加，可預見未來的利率變動型即期年金保險保費將會增高。就利率變動型即期年金保險來說，主要為支應立即需要的退休養老需求，因此通常投保年齡與投保保費金額訂有限制，諸如：保費五十萬以上且年齡超過五十歲。

表2.3　台灣利率變動型即期年金保險內容範例

給付項目	摘要內容
投保年齡	50 歲至70 歲
保險費限制	最低為新台幣50 萬元，最高為新台幣3,000 萬元
年金領取方式	年領、月領
年金給付期間	●最高給付至被保險人保險年齡達一百一十歲的保單週年日止。 ●被保險人身故後，如仍有未支領的年金餘額，其未支領的年金餘額依約定給付予身故受益人或其他應得的人。
年金給付金額決定	●第一給付年度可以領取的年金金額以保險費扣除附加費用後的餘額，依據預定利率及年金生命表計算。 ●第二給付年度開始每年可領取的年金金額以前一給付年度可領取的年金金額乘以當年度「調整係數」而得。 調整係數：(1 ＋前一年金給付週年日當月宣告利率)/(1 ＋預定利率)

二、變額年金保險的商品內容與規範概況

1.變額年金保險的商品內容與規範概況

　　投資型保險為保險保障結合共同基金等投資標的之人身保險商品，商品名稱有變額壽險（變額人壽保險），變額年金保險與變額萬能壽險等。概念上，投資型保險將保戶所繳保費扣除相關費用後，依據客戶選擇的投資標的進行投資；並在契約期間提供保戶壽險保障或年金給付。保險法施行細則第14條指出，「投資型保險指保險人將要保人所繳保險費，依約定方式扣除保險人各項費用，並依其同意或指定之投資分配方式，置於專設帳簿中，而由要保人承擔全部或部分投資風險之人身保險。」該條文非常明確的將投資型保險的架構做了詮釋。

變額年金保險為投資型保險的其中一種，概念上為年金給付結合共同基金等投資標的之年金保險商品。變額年金保險透過分離帳戶累積投資帳戶價值或保單帳戶價值，所謂「分離」帳戶指投資型保險的投資帳戶價值與壽險公司傳統型商品的一般資產分離；分離帳戶資產依保戶指定之投資分配方式進行投資。另外變額年金保險商品的投資運用限制較寬鬆，不需受限保險法對於股票或共同基金的資金運用範圍及比例等諸項限制。

另一方面，通貨膨脹將會導致實質購買力大為降低，使得老年退休生活或其他理財目標的達成大受影響。通常傳統人壽保險商品或利率變動型年金保險，難以抗通膨。概念上，新型態變額年金保險可說是具有基金投資功能加上年金保障功能的保險理財工具，商品具有投資與退休規劃功能；因此變額年金保險在累積期間（遞延期間），與共同基金、全權委託投資帳戶、指數股票型基金(Exchange trade fund, ETF)、結構型債券等理財工具相似；長期而言，可能因為預期報酬率較高，因而較能抗通膨。

相較之下，利率變動型年金保險通常具有穩定收益或保本保息的特質，投保後年金保單價值準備金通常逐日向上累積，而且1~3年內就能超過所繳保費，並且逐期產生利息。然而變額年金保險的投資帳戶價值以基金單位數或投資單位數的方式累積，單位淨值每日波動，因此投資帳戶價值的金額隨金融市場而波動。所以變額年金保險的投資帳戶價值無法保證未來穩定成長，也無法保證隨著時間向上累積，特質上屬於變動收益型的證券型商品，十分類似共同基金商品。

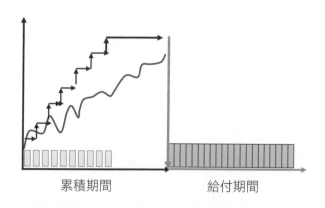

累積期間　　　　　　給付期間

圖2.2 變額遞延年金保險架構圖

其次，變額年金保險的繳費模式多元化，保戶可以彈性繳費、定期定額或躉繳繳納保費皆可；其中尤其以彈性繳費模式最為便利，保戶可隨著本身的預算收支情形，彈性繳納保險費。綜合來說，變額年金保險商品內容除具備多樣化投資標的選擇、費用透明化、保單貸款、多元化年金給付選擇、部分提款或解約權利、保證最低給付特色外；還有諸如免費標的轉換、免費提領、保證收益帳戶或貨幣帳戶與加值回饋金等設計，十分切合保戶保險理財需求。

表2.4 台灣變額年金保險商品內容摘要

項目	變額年金保險商品內容摘要
繳費方式	躉繳，彈性繳，分期繳
保障型態	累積期間身故退還保單價值準備金為主
連結標的	●共同基金（績優基金公司的各式基金）、全權委託投資帳戶、指數股票型基金ETF ●台幣貨幣帳戶、結構型債券、國外債券
保單貸款	●即期年金：不可辦理保單貸款 ●遞延年金：累積期間可辦理保單貸款，年金給付期則否
解約或部分提領	●即期年金：投保後不可辦理解約 ●遞延年金：累積期間可辦理解約，年金給付期則否
準備金提存	相當於投資帳戶價值
投資標的免費移轉	通常有，例如：4次
加值回饋金	部分公司提供
外幣保單	有
一次給付或年金給付方式	●依據示範條款，可以選擇一次給付，稱為遞延期滿保險金；遞延期滿保險金為遞延期間屆滿時的投資帳戶價值。 ●年金給付：年金給付期間多為利率變動型即期年金給付模式
安定基金	風險由保戶自行承擔，安定基金無法提供保障
保證最低給付	已有各種保證最低給付特色的變額年金保險商品，但業績佔率極低
附約附加	部分分期繳變額年金商品允許附加附約

資料來源：本研究歸納

總體經濟變動影響著年金保險的業績表現。股票市場上漲或基金報酬率佳，對於變額年金保險業績，有顯著的幫助；另外，升息期間若利率變動型年金險宣告利率隨著調高，對於利率變動型年金保險業績推動也是一大推力。

2.變額年金保險保證最低給付特色概況

變額年金保險結合保證最低身故（死亡）給付、保證最低年金給付、保證最低帳戶價值、保證最低滿期給付與保證最低提領給付等保證特色後，也增加了商品的特色與誘因；相對來說也降低了保戶投資風險，讓許多民眾樂於將變額年金保險作為退休理財工具。然而變額年金保險包含保證最低給付特色，雖可增加商品之保證特色，但卻因為需要額外扣收保證費用而可能導致商品預期報酬率降低或是因為投資標的受限多而造成商品魅力降低，這些疑慮或瓶頸也需要考量與因應。

從美國與歐洲經驗發現，由於變額年金保險含有保證最低給付特色，因此變額年金保險商品在金融海嘯期間業績並未大幅下滑，可供參酌。另外，依據「人身保險商品審查注意事項」第一五一條，『投資型保險商品約定於保險期間內有保證最低死亡給付或保險期間屆滿有保證最低保單帳戶價值者，應檢附其投資策略、風險控管與風險資本之說明，其準備金並需依「人身保險業經營投資型保險業務應提存之各種準備金規範」辦理。』

（1）保證最低身故給付(Guaranteed Minimum Death Benefit, GMDB)

保戶投保變額年金保險後，若被保險人在累積期間身故，一般來說累積期間身故僅能領回保單帳戶價值；但具有保證最低身故給付特色的變額年金保險，可以提供累積期間最低身故給付保證。通常保證最低身故給付大多設定為領回所繳保費或所繳保費加計利息的保障模式。另外，美國的變額年金保險商品發展歷史久遠，保證最低身故給付變化也較多，諸如保證最低身故給付的金額設定為前次最高累積帳戶餘額模式。

（2）保證最低年金給付 (Guaranteed Minimum Income Benefit, GMIB)

保戶投保一般變額年金保險，同樣無法保證保戶未來累積領取的年金給付金額超過所繳保費或特定金額；但是最低年金給付特色可以提供保戶在年金給付期間至少累積領取約定的年金金額，例如：保證至少累積領回所繳保險費或所繳保險費本利和。因此保戶在規劃退休生活所需時，就可以初步針對最低年金給付金額作初步試算，以確保退休後經濟生活安全無虞。

（3）保證最低帳戶價值(Guaranteed Minimum Accumulated Benefit, GMAB)

保戶投保一般變額年金保險必須自行承擔投資風險；如果累積期間遭逢類

似金融海嘯的整體性股票市場大幅下滑，可能由於基金淨值下跌而導致投資帳戶價值大幅下滑，甚至投資帳戶價值遠低於所繳保費。此時，保證最低帳戶價值能提供累積期間最低投資帳戶價值的保證；諸如：投資帳戶價值以過去累積期間內最高投資單位價值的八成計算。

(4) 保證最低滿期給付 (Guaranteed Minimum Maturity Benefit, GMMB)

保戶投保一般變額年金保險，同樣無法保證累積期間屆滿時，投資帳戶價值可以超過所繳保費金額；然而變額年金保險的保證最低滿期給付特色，在累積期間屆滿時，如果投資帳戶價值低於保單約定的最低滿期金額，保戶或受益人可以至少領回最低滿期金額。因此變額年金保險包含保證最低滿期給付特色後，可以讓變額年金保險資產，擁有最低的滿期利益，並且在資本市場多頭行情下，又有機會累積更高的投資帳戶價值。

(5) 保證最低提領給付 (Guaranteed Minimum Withdrawal Benefit, GMWB)

保戶投保一般變額年金保險同樣無法保證未來累積提領或解約金額超過所繳保費。保證最低提領給付，可以提供保戶在約定期間內至少可透過提領或解約方式領取約定金額，諸如：累積可提領所繳保險費或所繳保險費本利和的額度。

> 保證最低提領給付在美國年金市場非常受到歡迎，主因之一為保證最低提領給付可以結合保戶生命週期需求；保戶需要資金時可以在累積期間提領；剩餘未提領的保證金額或帳戶價值，也可以在年金給付期領取，以作為未來退休後生活所需，因此可以說是同時兼顧累積期間與給付期間的理財需求。

3. 變額年金保險的費用與連結標的概況

(1) 變額年金保險的費用概況

變額年金保險的費用項目相對多，許多變額年金保險在繳納保費時，需要扣除保費費用，剩餘的保費才會投入基金標的投資；例如，曾賺錢先生繳納躉繳保費100萬元，扣除保費費用3%後，剩餘的97萬才能投入指定的高收益債券型基金與歐洲基金。

另外，市場上還有許多變額年金保險商品不收取保費費用，強調所繳保費100%投資，非常吸引人，然而通常不收取保費費用的變額年金保險商品，一定

會收取一定年限的解約費用，作為壽險公司費用或利潤的補償。另外，變額年金保險通常會收取保單管理費用，以支應壽險公司未來保單服務相關成本；通常後收型變額年金保險會收取較高的保單管理費用。另外，變額年金保險與投資型人壽保險相同，同樣會有投資標的費用與提領費用或解約費用。

表2.5 台灣變額年金保險的費用概況

項目	變額年金保險商品內容摘要
投資標的移轉費用	●通常有免費投資標的移轉，例如：每年4~6次免費；超過次數需要收取600元台幣
附加費用(保費費用)	●對於費用要求必須明確記載而且合理 ●費用前收型：通常躉繳附加費用率≦5％；分期繳附加費用率較高 ●費用後收型：附加費用率=0％
解約費用	●對於費用要求必須明確記載而且合理 ●費用前收型：通常不收 ●費用後收型：躉繳較低，約5％以下；分期繳較高，諸如首年最高20％，依序遞減
保險費用	無
保單管理費(管理費用、維持費用)	●每月收取100元 ●每月從投資帳戶價值扣收特定比率的費用，如：0.1％
其他費用	●投資標的費用(管理費用與保管費用) ●提領費用，例如：600元，但每年諸如：六次以內免收費用。

資料來源：本研究歸納

(2) 變額年金保險的連結標的概況

變額年金保險具有多元化連結標的選擇，連結標的包含投信公司發行的特定共同基金、結構型債券、國外債券、指數股票型基金(ETF)、全權委託投資帳戶或保證收益的貨幣帳戶。其次，變額年金保險的各連結標的是否全部委由投信公司或投資銀行管理而且存在投資風險？其實不然；諸如：保證收益的貨幣帳戶性質類似利率變動型年金的保單價值準備金累積方式，屬於穩定儲蓄且具備保本的概念，性質上並無虧損的風險；而且通常由壽險公司自行管理。

另外，結構型債券通常由投資銀行發行，台灣市場中投資型保險連結結構型債券之保費佔率不低，可說是投資型保險的主要連結標的之一，初年度保費佔率曾經達三成以上。另外，由於金融海嘯後爭議與申訴糾紛四起，因此金管會對於結構型債券的規範轉趨嚴格，也限制了投資型保險連結結構型債券標的

業務規模。

　　其次，變額年金保險的投資風險由保戶自行承擔，客戶挑選投入的基金標的時，尤其需要留意其本身的風險承擔能力；否則全部挑選風險等級最高的基金標的，若發生類似金融海嘯或資本市場大幅下跌，客戶的損失必然高，而且容易導致申訴糾紛。另外，不同年齡級距的風險承擔能力不同，變額年金保險的基金配置也應調整。例如已退休人員或屆退人員的基金配置，應更保守；否則退休後生活將因為資本市場波動而受衝擊，不可不留意。

　　另外，投資型保險所連結的投資標的，也有結合停利停損功能的母子帳戶投資標的，也有定期自動將分離帳戶內的投資標的配置比例，依照客戶約定或指定比率重新配置的機制，真可謂彈性靈活。

　　整體來說，變額年金保險的多元化基金標的本身就是一個分散化的投資組合，保戶可透過基金資產配置降低投資風險。相較之下，由於一般投資者財力與資源有限，無法持有分散化投資組合，因此個人自行投資股票市場所需承擔的投資風險常較變額年金保險所連結的投資標的風險高。其次，變額年金保險要保人，可以分期繳納或彈性繳納保費模式，透過定期定額的投資方式，達到投資成本平均效果，以降低不同期間的價格波動風險。

表2.6　台灣變額年金保險的連結標的摘要

標的別	變額年金保險商品連結標的
共同基金	績優基金公司的各式基金；包含股票型基金、平衡式基金與債券型基金或國內國外各型態的基金標的。
結構型債券	結構型債券英文為Structure Notes，可能包含滿期目標報酬(Total return)、目標配息與贖回(Target Redemption)、定期配息型(Coupon)等多種型態。
全權委託投資帳戶	壽險公司可委託投信公司或投顧公司，代為管理特定全權委託投資帳戶；帳戶可依照投資標的風險屬性區分(Target Risk)；也可依照目標滿期日期(Target Maturity)為基準。
ETF指數股票型基金	連結國內外指數股票型基金ETF。
國外債券	諸如澳洲或美國債券，可以定期配息。
貨幣帳戶	每月依照宣告利率累積帳戶價值，概念上相近於利率變動型年金的帳戶累積方式；可能包含各種幣別，諸如:台幣貨幣帳戶、美元貨幣帳戶、歐元貨幣帳戶

資料來源：本研究歸納

4.躉繳變額年金保險商品內容摘要範例

投資型保險在台灣上市前幾年,以躉繳變額壽險或變額萬能壽險為主流;隨後慢慢的變額年金保險的初年度保費逐年攀升,近年已超越投資型人壽保險,成為投資型保險的主要業績來源;尤其躉繳變額年金保險商品已成為近年台灣投資型保險的主要保費來源。

台灣的變額年金保險商品種類十分多元化,不論外幣或台幣;費用前收或後收皆有;另外連結標的也相當多元化與多樣化;目前主要銷售通路仍為銀行保險通路與業務員通路。摘錄躉繳變額年金保險商品的架構如後:

表2.7 台灣躉繳投資型保險商品架構範例

	公司名稱	C人壽	A人壽
	商品名稱	XX人壽變額壽險	XX人壽外幣變額年金保險
商品內容	幣別	台幣	美金、歐元、澳幣、英鎊、日圓
	平臺	壽險	年金
	主要繳別	躉繳	躉繳
	投資標的	基金(60檔)/台幣貨幣帳戶	基金/ETF(300檔)/結構型債券/台幣貨幣帳戶
	保障方式	MAX(保單帳戶價值,保險金額)	無
承保規則	承保年齡	15~80歲	0~65歲
	最低基本保費	20萬	年繳1,200美元
	最低增額保費	增額保費2萬元	3,000美元
費用	保費費用	4%	3%
	保費費用折扣	1000萬以上降1%	-
	行政管理費/保單維持費用	無	100元/月(台幣超過300萬免收)
	保險費用	有	無
	部份提領費用	每年6次免費超過每次500元	每年6次免費超過每次30美元
	基金轉換費用	每年6次免費超過每次500元	每年6次免費超過每次30美元

| 表2.8 | 台外幣變額年金保險內容摘要範例 | |

壽險公司	C人壽	A人壽
商品名稱	變額年金保險	外幣變額年金保險
幣別	台幣	美金、歐元、澳幣、英鎊、日圓
主要繳別	分期繳、彈性繳	躉繳
投資標的	基金(65檔)/台幣貨幣帳戶	基金/ETF/(320檔)/結構型債券/台幣貨幣帳戶
累積期間身故	投資帳戶價值	投資帳戶價值
承保年齡	0~60歲	0~65歲
最低基本保費	年繳化保費6萬	年繳1,200美元
最低增額保費	增額保費2萬元	3,000美元
附加費用	0%	4%
行政管理費/保單維持費用	●100元/月 ●每月基本保費投資帳戶價值的0.1%	100元/月
部份提領費用	每年6次免費，超過每次500元	每年6次免費，超過每次30美元
基金轉換費用	每年6次免費，超過每次500元	每年6次免費，超過每次30美元
解約費用	12%/11%/10%/9%/8%/7%/6%/5%/4%/3%	無

美國與台灣的變額年金保險相同，保戶可將資金投入變額年金保險的保證收益帳戶或貨幣帳戶；然而在台灣的變額年金保險商品並未限制客戶投保變額年金保險時，投入在保證收益帳戶或貨幣帳戶的資金配置比例；然而美國的變額年金保險，投入保證收益帳戶的金額、比例或時間點常有限制，略有差異。

5.台灣含保證特色的變額年金保險商品架構範例

　　台灣在95年起推出許多含保證特色的變額年金保險，本文挑選C公司之變額年金商品為範例，該商品內容包含保證最低身故給付或保證最低滿期給付等

選擇；主要提供客戶至少領回所繳保費或所繳保費加計利息的保證。當然這部分的保證必須要額外付費，摘要該商品主要內容如後：

表2.9 台灣含保證給付特色之變額年金保險商品架構範例

項目	商品內容摘要
身故保險金	● 年金給付開始日前：投資帳戶價值 ● 年金給付開始日(含)後：投資帳戶價值
年金給付	● 一次給付：被保險人在年金給付開始日仍生存者，將保證金額一次給付予被保險人，效力即行終止。 ● 年金給付：被保險人在年金給付開始日當日及其週年日仍生存者，按年金金額給付予被保險人
保證最低身故金額	● 被保險人在年金累積期間內身故，如果當時保證最低身故金額高於保單帳戶價值，改依保證最低身故金額給付。 ● 保證金額：依每筆保險費扣除附加費用後計算，並按年利率百分之一點五計息；歷次部分提領金額需扣除。
保證最低滿期金額	● 被保險人在年金累積期滿時仍生存者，如果當時保證最低滿期金額高於保單帳戶價值，改依保證最低滿期金額給付。 ● 保證金額：依每筆保險費扣除附加費用後計算，並按年利率百分之一點五計息；歷次部分提領金額需扣除。
費用	● 附加費用=5% ● 每月管理費用=100元 ● 解約或部分提領費用：首年4%；第二年3%；第三年2%；第四年1% ● 標的移轉費用=500元，前六次免費 ● 保管費用與經理費用，已反映在標的淨值 ● 保證最低身故給付費用：每月0.01%的保單帳戶價值 ● 保證最低滿期給付費用：每月0.04%的保單帳戶價值
連結標的	積極型投資帳戶；穩健型投資帳戶

琳瑯滿目的年金保險商品
如何選擇？

Chapter 3

台灣個人年金保險
規範沿革與市場概況

一、台灣個人年金保險規範沿革
二、人身保險商品配置與個人年金保險保費趨勢概況
三、台灣個人年金保險的稅賦規範概況

Q&A

■ 去年台灣壽險市場之利率變動型年金保險初年度保費金額大約多少？變額年金保險保費金額大約多少？傳統型年金保險保費金額大約多少？

■ 近年變額年金保險近年初年度保費呈現增加還是降低趨勢？主要原因？

■ 近年年金保險商品之保費收入，主要透過哪一個銷售通路販售？

■ 台灣對於年金保險之所得稅課稅規定與稅惠，有何規範？

一、台灣個人年金保險商品規範沿革

81年2月保險法修訂，在人身保險章增列年金保險(第一百三十五條之一~四)，確立年金保險法源，因此人身保險分類，除人壽保險、健康保險、傷害保險外，還有年金保險。其次，台灣雖然81年2月在保險法人身保險章增列年金保險，但由於相關規範細則後續研議中，因此各壽險公司直到86年主管機關頒佈示範條款與年金保險費率相關規範後，年金保險商品才正式上市推出。

88年以後台灣的市場利率迅速走低，壽險公司新契約責任準備金提存利率隨著調降，從6.75%逐步調降為6.25%、5.75%、4%、2.75%與2.25%。尤其商品預定利率調降後，相同保險金額下壽險保費隨著調漲，也衝擊著傳統壽險商品的銷售業績。

當時主管機關應業者學者建議逐步開放利率變動型年金保險、萬能保險、投資型人壽保險、變額年金保險商品、分紅保險商品與不分紅保險商品等多元化商品種類，以滿足客戶的多元化保障、儲蓄、投資與退休等需求，也讓壽險公司投入利率變動型商品或投資型保險商品的研發與銷售。

1.傳統型年金保險與利率變動年金保險的發展歷程概況

保險主管機關於86年6月30日頒佈個人傳統型即期年金、遞延年金保險單示範條款及傳統型年金保險費率相關規範後，壽險業者陸續推動傳統型年金保險商品上市。

隨後，90年4月3日主管機關頒佈個人利率變動型年金保險示範條款與費率相關規範，也造就了利率變動型年金保險商品的問市。利率變動型年金保險的保單價值準備金透過宣告利率累積，因此宣告利率的規範對於利率變動型年金保險的發展極為關鍵。關於利率變動型年金保險的宣告利率規範，台灣先後曾有三次變革，摘錄如下：

(1) 90年4月3日規範：以二年定期儲蓄存款利率為基準加減碼，作為宣告利率的上下限。

(2) 94年5月24日規範：宣告利率不得高於十年期政府公債次級市場殖利率的規定。

(3) 96年4月1日規範：依據「萬能保險與利率變動型年金保險精算實務處理準則」關於資產區隔、投資準則及現金流量測試等風險控管機制辦理；取消

宣告利率不得高於十年期政府公債次級市場殖利率上限的限制。

表3.1 台灣傳統型年金與利率變動型年金保險的發展歷程與規範摘要

期間	階段別	說明
81年2月	年金保險法源確立	修訂保險法,在人身保險章增訂年金保險,確立年金保險法源
86年6月30日	傳統型年金保險的行政規範公佈	主管機關財政部頒佈個人即期年金與遞延年金保險單示範條款與傳統型年金保險費率相關規範
86~88年	傳統型年金保險上市	富邦,國泰,新光,國華等公司相繼推出傳統型年金保險
90年4月3日	利率變動型年金保險的示範條款及行政規範公佈	●主管機關頒佈個人利率變動型年金保險與遞延年金保險單示範條款及利率變動型年金保險費率相關規範 ●利率變動型年金宣告利率上下限:不得高於(二年定期儲蓄存款利率+1.5%) 且不得低於(二年定期儲蓄存款利率-1%)
90年以後	利率變動型年金保險上市	壽險公司相繼推出利率變動型年金保險
94年5月24日	利率變動型年金保險的宣告利率規範修訂	增訂宣告利率不得高於十年期政府公債次級市場殖利率的規定
96年4月1日	萬能保險或利率變動型人壽保險與利率變動型年金保險的宣告利率依精算實務處理準則辦理	依據精算學會的「萬能保險與利率變動型年金保險精算實務處理準則」關於資產區隔、投資準則及現金流量測試等風險控管機制辦理,且該商品依保險商品銷售前程式作業準則的規定辦理修正者,其初年度的宣告利率得依相關資產的報酬率自行設定,即得免受有關宣告利率不得高於十年期政府公債次級市場殖利率上限的限制。

資料來源:本研究摘錄或歸納自相關法規

　　另外,99年11月以前,金管會保險局對於利率變動型年金保險的附加費用率、解約費用率與解約費用期間,並無明確限制。然而99年11月起,金管會保險局對於利率變動型年金保險的費用收取,要求各商品需收取附加費用及解約費用且解約費用期間至少三年,解約費用率每年至少1%。該項費用規範限制了利率變動年金保險商品的發展,因此99年11月後,利率變動型年金保險的業績逐漸下滑。

2.變額年金保險的發展歷程概況

90年7月，保險法146條增訂保險業經營投資型保險業務應專設帳簿，記載其投資資產的價值，確立了台灣投資型保險的法源。隨後90年12月21日台灣保險主管機關頒佈「投資型保險投資管理辦法」，並陸續頒佈投資型保險資訊揭露應遵循事項、投資型保險商品銷售應注意事項與修定人身保險商品審查應注意事項等相關規範，供業者遵循。

表3.2 台灣投資型保險的發展歷程與規範摘要

期間	階段別	說 明
89年11月	首張投資型保險上市	宏利人壽推出變額年金保險(指數連結年金概念)
90年7月	投資型保險的法源確立	保險法146條增訂保險業經營投資型保險業務應專設帳簿，記載其投資資產的價值，確立了投資型保險的法源
90年12月	頒佈投資型保險投資管理辦法	投資型保險專設帳簿的運用與連結標的監理規範
92年10月	頒佈投資型保險資訊揭露應遵循事項	投資型保險資訊揭露的監理規範
93年5月	開放以外幣收付的投資型保險業務	主管機關修訂投資型保險投資管理辦法，開放以外幣收付的投資型保險業務。關於外匯事務的管理，依據管理外匯條例，主管機關為中央銀行，因此壽險公司的商品上市與外匯事務，仍須受央行的管理。
94年11月	修正發佈投資型保險投資管理辦法第16條	約定以外幣收付的投資型保險契約，已屆年金給付期間且無專設帳簿投資資產者，得約定以新臺幣給付年金
96年	保險業外匯業務管理辦法	規範保險業可辦理傳統型外幣保單與投資型外幣保單業務
96年4月頒佈96年10月實施	「人身保險商品審查應注意事項」增訂投資型保險商品審查相關條文與頒佈「投資型人壽保險商品死亡給付對保單帳戶價值的最低比率規範」	訂立最低危險保額的門檻規範；並針對投資型保險商品的費用率與商品內容明確訂定審查規範

期間	階段別	說明
97年4月	增訂保險業得以委任方式兼營投資型保險全權委託投資業務	主管機關修正投資型保險投資管理辦法，增訂保險業得以委任方式兼營投資型保險專設帳簿資產全權委託投資業務的規範
97年7月～	頒佈與修訂投資型保險商品銷售應注意事項與投資型保險相關自律規範	因應投資型保險的銷售管理與控管，明訂各項監理規範，以避免糾紛攀升

資料來源：本研究歸納

二、人身保險商品配置與個人年金保險保費趨勢概況

1.歷年台灣壽險業人身保險商品配置趨勢

　　投資型保險與利率變動型保險商品上市後，對於台灣壽險業初年度保費收入產生了正面的幫助，也讓初年度保費收入由87年的1,278億，逐年攀升至100年度近1兆元。觀察歷年的初年度保費趨勢可發現，投資型保險商品與利率變動型保險的初年度保費佔率逐年增加，而且互有高低。舉例來說，投資型保險商品保費佔率，在96年初年度保費佔率高達62%，佔率最高。利率變動型保險商品，包含利率變動型年金與萬能保險，96年初年度保費佔率已達22%。然而金融海嘯後投資型保險業績大受衝擊，但利率變動型保險的業績反而逆勢攀上高峰。99年投資型保險業績佔率僅13.4%；利率變動型商品業績更攀升為42.9%，變化呈現此起彼落，互有更迭趨勢。

圖3.1 歷年台灣壽險業人身保險商品初年度保費配置趨勢

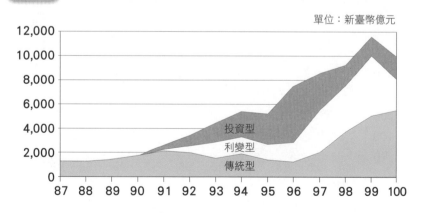

單位：新臺幣億元

資料來源：壽險公會/保險事業發展中心，壽險業統計年報

2.個人年金保險的市場趨勢概況

近年由於退休規劃、財富管理業務的興起及銀行保險通路成長等因素，讓個人年金保險保費規模大幅成長；98年度個人年金保險的初年度保費金額近4,084億新臺幣；相較之下個人壽險初年度保費收入約為4,676億，差距僅約592億，顯現出個人壽險與個人年金保險兩強鼎立的局勢。

進一步就台灣個人年金保險商品類型探討，傳統型年金保險早已沒落，業績僅餘極少部分傳統型年金保險，台灣目前個人年金保險商品業績幾乎已全由利率變動型年金保險與變額年金保險所涵蓋。就99年來說，傳統型年金保險業績約1.1億，利率變動型年金保險保費金額達4,129億，變額年金保險保費金額達800億。可察覺金融海嘯與資本市場低迷，變額年金保險業績隨而下滑；但也促使利率變動型年金保險業績再創新高。

借鑒台灣的個人年金保險發展經驗，可發現台灣近年個人年金保險保費逐年成長，而且成長幅度相當驚人。雖然變額年金與變額壽險或變額萬能壽險的資金累積觀念相近，且利率變動型年金與萬能保險的資金累積概念相近，但從發展經驗可歸納出個人年金保險與壽險商品間的不可替代性與差異性明顯存在。

圖3.2 台灣壽險業個人人壽保險與個人年金保險初年度保費趨勢

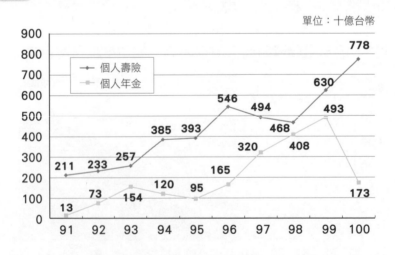

資料來源：壽險公會/保險事業發展中心，人壽保險業統計年報

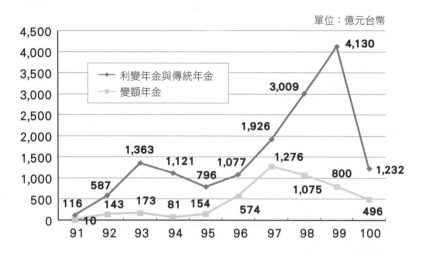

圖3.3 近年台灣壽險業年金保險商品別初年度保費趨勢

單位：億元台幣

- 利變年金與傳統年金
- 變額年金

資料來源：壽險公會與保險事業發展中心保費資料

自99年11月起，對於利率變動型年金保險的保費費用、解約費用率與解約費用期間限制增加，要求收取保費費用而且解約費用期間至少需要三年；上述規範限縮了年金商品的發展與創新。建議保險局可以定期檢視與研議，另建議針對長期持有利率變動型年金保險之要保人，可考慮給予鼓勵。

3.年金保險商品佔率與通路概況

（1）台灣利率變動型年金保險的商品佔率與通路概況

民國90年推出利率變動型年金保險後，利率變動型年金保險在台灣並未成為市場主流；90年或91年的初年度保費皆低於10億台幣。隨著低利率環境、銀行存款資金充沛、銀行保險通路崛起以及財富管理的盛行，92年後利率變動型年金的市場佔率逐步攀升。就99年度來說，利率變動型年金保險保費金額達近4,129億台幣，全部險種初年度保費收入佔率已達36%，佔率逾1/3。

另外，銷售通路方面，利率變動型年金保險的主要銷售通路為銀行保險通路，銀行保險通路的初年度保費佔率高達89%，顯見利率變動型年金保險的發展與銀行保險通路的蓬勃發展攸關，而且利率變動型年金的銷售幾乎由銀行通路與銀行客戶所推展而來。另外，利率變動型年金保險透過業務員通路銷售的初年度保費佔率約一成，而一般經紀代理及直效行銷等其他通路的業績佔率極

少，僅約1%，可供參酌。

(2) 台灣變額年金保險的商品佔率與通路概況

90年投資型保險商品初年度保費僅約15億台幣，初年度保費佔率僅1%。隨後由於台灣經濟步入成長、資本市場上漲、市場利率走低以及壽險公司為降低利差損積極推動投資型保險等多重因素，使得投資型保險初年度保費收入迅速攀升；96年度投資型保險初年度保費高達4,650億，保費佔率達61.8%，佔率高達六成。

圖3.4　近年台灣投資型保險商品初年度保費分佈

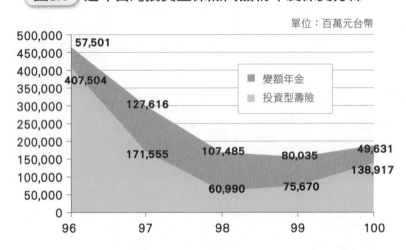

資料來源：壽險公會與保險事業發展中心，近年壽險公司保費統計

就商品別保費佔率分析，96年度投資型保險仍以投資型人壽保險為主軸，投資型人壽保險初年度保費佔率達87%，變額年金保險初年度保費佔率僅13%。97年以後，整體投資型保險保費收入呈現衰退，但變額年金保險保費收入卻仍呈現成長，保費佔率持續升高；98年變額年金保險佔整體投資型保險的業績比重已達68%，超過投資型人壽保險佔整體投資型保險業績比重的32%。觀察變額年金保險保費佔率攀升，投資型人壽保險保費佔率下降，此現象與96年10月起台灣投資型壽險必須受最低危險保額與最低保額保費倍數規範攸關。進一步觀察，可發現近年變額年金保險業績仍以躉繳年金商品為主流，各年度的分期繳變額年金保險商品業績佔率仍低於400億台幣。

就銷售通路方面，變額年金保險的初年度保費業績來源的主要銷售通路為銀行保險通路，其業績佔率高達85%，顯見銀行保險通路主宰變額年金保險的銷售業績，而且銀行客戶對於變額年金保險有相當程度的偏好。其次，業務員通路對於變額年金保險的業績也佔約12%；經紀代理及直效行銷等通路的業績佔率少，僅有3%。

　　由於金融海嘯資本市場相對低迷、不當銷售保險申訴四起與監管趨嚴等原因，導致近年投資型保險業績下滑，98年及99年投資型保險初年度保費分別滑落至1,685億與1,557億台幣，佔率也分別下滑到18%與13%。進一步觀察，由於不當銷售與金融海嘯的投資虧損，導致97年與98年台灣投資型保險的申訴率持續增加。依照台灣金管會保險局網站揭露的申訴統計資料，台灣投資型保險的非理賠申訴件數佔率，由96年度的25%攀升至98年度的48%；不過隨著金融海嘯結束與經濟復甦，99年與100年投資型保險的非理賠申訴件數佔率，分別降到28.5%與25.2%。

圖3.5 台灣近年投資型保險非理賠申訴件數趨勢

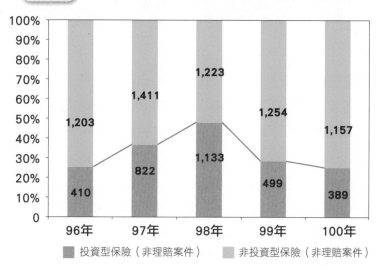

資料來源：金管會保險局，「保險申訴案件統計」

三、台灣個人年金保險的稅賦規範概況

　　人身保險產業的發展，有助在提升個人及社會經濟安全與經濟穩定，也可降低社會問題。進一步來說，民眾可以透過投保人身保險規劃適當風險管理，

以降低生老病死傷殘等事故所致的經濟損害或衝擊。另一方面，商業性人身保險若發展良好，則國家的社會救助、老年經濟安全、失養、失業、醫療與意外事故等各方面社會問題，可因而降低，社會問題也會因而下降。因此許多先進國家政府，為刺激人身保險業的發展或誘導人身保險的良性發展，皆針對人身保險提供租稅優惠。

目前台灣的所得稅法僅針對整體個人人身保險的保險費採列舉扣除額申報者，提供每人每年2.4萬台幣的扣除額，並未針對個人年金保險訂立專屬的年金保險保費列舉扣除額，而且扣除額還納入勞工保險、國民年金保險及軍、公、教保險的保險費，顯然可運用於年金保險保費之扣抵金額大幅縮小。摘錄法條如下：

表3.3　台灣的所得稅法保險費扣除規範

所得稅法修訂公佈日期	法條摘要：第十七條的保險費列舉扣除額條文	保險費列舉扣除額額度
100年11月9日	納稅義務人、配偶或受扶養直系親屬之人身保險、勞工保險、國民年金保險及軍、公、教保險之保險費，每人每年扣除數額以不超過二萬四千元為限。但全民健康保險之保險費不受金額限制。	二萬四千元

另外，年金保險的年金保險給付或遞延期滿保險金是否需要列為所得，課徵個人綜合所得稅呢？原則上，一般民眾之年金保險給付或遞延期滿保險金不需要列入所得課徵所得稅；但依據所得稅基本稅額條例，針對要保人與受益人不同一人之年金保險給付或遞延期滿保險金加計特定所得項目，超過課稅門檻（600萬），仍須繳納所得稅。

其次，指定受益人之年金保險身故給付是否列入遺產課徵遺產稅呢？原則上在年金保險的累積期間身故退還年金保單價值準備金，應準用保險法第112條之規範，不列為遺產課徵遺產稅方屬合理；但實務上仍有許多年金保險的身故給付被國稅局課徵相關稅賦。主因之一為未包含保證最低死亡給付之年金保險，在累積期間其身故給付，僅為定期存款本利和之概念，而且給付名稱定名為返還保單價值準備金，因此國稅局與財政部將其不視作身故保險給付。最後關於贈與稅部分，台灣對於年金保險的保費贈與，超過贈與免稅額度仍需要繳納贈與稅。

美國、日本、英國與中國大陸
年金保險商品保費趨勢概況

一、美國個人年金保險商品保費趨勢概況

二、日本個人年金保險商品保費趨勢概況

三、英國個人年金保險商品保費趨勢概況

四、中國大陸個人年金保險商品與保費趨勢概況

Q&A

■ 從美國近年年金保險與人壽保險初年度保費佔率觀察，年金保險的佔率約達多少？

■ 從日本近年年金保險與人壽保險初年度保費佔率觀察，年金保險的佔率約達多少？

■ 從中國大陸近年年金保險與人壽保險保費佔率觀察，年金保險的佔率約達多少？

■ 就美國近年利率變動型年金保險保費數據觀察，哪一種類型的年金保險商品銷售業績最佳？其次為哪一種？

■ 就美國近年年金保險保費數據觀察，變額年金保險銷售業績較高，還是利率變動型年金保險？二類型商品佔率各約多少？

一、美國個人年金保險商品保費趨勢研究

1.美國個人年金保險商品的發展概況

變額年金保險在美國市場的發展較定額年金早，發展已近60年，而且歷經多次變革。美國變額年金保險的發展，開始於1952年大學退休職員基金(College Retirement Equities Fund)，由教職員保險年金協會（Teacher Insurance and Annuity Association, TIAA）所創設。

到1960年代上半期，美國保險業者被允許以分離帳戶(Separate account)方式，在退休金規劃上與銀行信託業做公平合理的競爭；但當時只允許企業投保團體年金保險時，作為基金累積的運用。直到1980年，變額年金保險才全面演進成結合"共同基金"原理的年金保險商品，這就是新型態的變額年金保險。

1980年代美國經濟繁榮，金融市場呈現牛市，也造就了變額年金保險成長的良好環境；尤其1990年代，除了美國退休金市場的熱絡、金融投資工具多元化及退休金稅惠外，再伴隨著美國戰後嬰兒潮的屆臨退休，老年人口佔率大幅提高，許多老年人口選擇變額年金保險作為退休理財工具，也讓變額年金保險的業績蓬勃發展，佔率持續攀升。

在美國，變額年金保險被視為證券商品，同時受保險監管部門與聯邦證券暨交易管理委員會(Federal Securities and Exchange Commission)監管。進一步來說，變額年金保險不僅需受保險相關法規監理，也須受證券相關法規監理。美國的變額年金保險主要需符合的證券相關法規如下：1933年證券法（Security Act）、1934年證券交易法（Security Exchange Act）、1940年投資公司法（Investment Company Act）與1940年投資顧問法（Investment Advisers Act）。

另一方面，1970年代美國就有定額年金(Fixed annuities)；當時美國保險業為與銀行業者的存款業務競爭求生，因而推出定額遞延年金。由於定額年金的資金累積與銀行存款的概念相近而且風險低，因此當時定額年金推出後就頗受青睞而且業績佔率逐年增加。其次，由於定額年金屬於保險商品，因此僅需受保險監管部門監理，不需受證券監管部門監理。

綜合探討，美國年金保險的成長與人口老化、退休人口攀升、稅惠誘因、金融市場成熟與總體經濟等背景攸關。舉例來說，1980年代美元走強且美國經濟成長率大約介在3%~7.2%間，經濟處於成長期，也為變額年金保險的成長造就了有利條件。

2.近年美國個人年金保險保費趨勢概況

　　進一步觀察美國1970年~2010年間的個人年金保險與個人壽險初年度保費趨勢，可察覺1970年代年金保險仍屬起步階段，市場仍以個人壽險為主力商品。1970年，個人年金保險初年度保費僅約12%；隨後躉繳定額年金保險商品或躉繳變額年金保險商品業績迅速攀升，1990年初年度保費高達近228億美元，佔率攀至47%。

　　隨後分期繳年金保險更趨成熟，初年度業績迅速攀升，2010年分期繳年金保險初年度保費已達1000億美元；躉繳年金初年度保費則約為612億美元，躉繳與分期繳年金保險兩者差距明顯降低，呈現躉繳與分期繳年金保險兩足鼎立，甚至分期繳年金保險超越躉繳年金保險保費之局勢。綜合來說，年金保險推動初期，市場仍以躉繳年金保險商品為主軸，但歷經長時間累積契約後，分期繳年金保險將如滾雪球般累積，最後超越躉繳年金保險的業績佔率。

圖4.1 美國近年個人壽險及個人年金保險的初年度保費趨勢

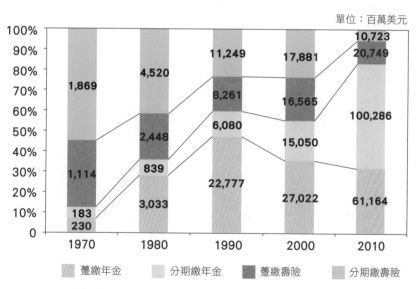

資料來源：America Council of Life insurers,〔Life insurance Fact Book〕, 2011

　　更重要的，2010年美國個人年金初年度保費高達1,614億美元，個人保險的保費佔率已高達83.7%。相較之下，個人壽險初年度保費315億美元，個人保

險（壽險與年金）保費佔率僅16.3%；顯見個人定額年金（利率變動型年金）與變額年金在美國早已成為主流而且接受度高。

就2010年度個人保險商品的配置比例分析，躉繳與分期繳個人年金保費佔率分別為31.7%與52%；躉繳與分期繳個人壽險保費佔率分別為10.8%與5.6%；可觀察到民眾擁有適當的壽險保障後，進一步投保險種以儲蓄或投資功能較強的年金保險為主軸。另外觀察2001~2010年美國個人壽險與個人年金保險的保費趨勢後，可以觀察到該期間內其實個人壽險也逐年微幅成長，相對來說個人年金保險則呈現較大幅度的成長；對於保險市場已進入成熟階段的美國市場來說，實屬不易。借鑒美國的個人年金保險發展經驗，可發現美國個人年金保險的保費規模高，而且隨著退休規劃與理財規劃的發展，個人年金保險保費逐年成長，顯見個人年金保險是不可替代與不可或缺的保險理財商品。

 美國個人年金保險與個人壽險初年度保費趨勢

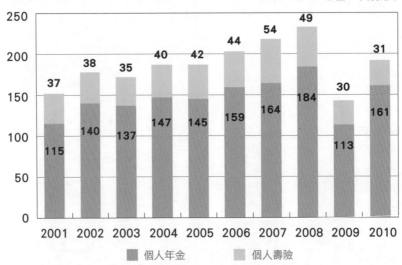

資料來源：America Council of Life insurers, [Life insurance Fact Book], 2011

3.近年美國個人年金保險商品佔率概況

依照美國保險資訊協會IIA(Insurance Information Institute)網站所揭露統計資訊，就美國近年個人年金保險保費佔率趨勢觀察，變額年金保險的初年度保費

佔率約5~7成中變化;相較之下定額年金保險保費佔率則約3~5成中波動;可觀察到變額年金保險在美國蠻受歡迎。

圖4.3 近年美國個人變額年金與定額年金的保費佔率

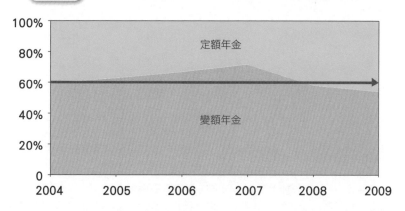

資料來源:保險資訊協會(Insurance Information Institute)網站揭露

觀察金融海嘯前後各季美國變額年金保險總保費趨勢,可發現金融海嘯後變額年金保險保費逐漸回升;另外從資料中也觀察到變額年金保險保費之絕對金額頗高。

表4.1 各季美國變額年金保險總保費趨勢

期間	Q2 2011	Q1 2011	Q4 2010	Q3 2010	Q2 2010
總保費 (百萬美元)	39,986	39,158	37,594	34,032	34,381

資料來源:Insured Retirement Institute. Industry Wide Annuity Sales Continue Double Digit Climb, 2011

就近期各季美國定額年金保險總保費的商品配置研究,可發現美國現行定額年金保險以指數連結年金(Equity Index Annuity, EIA)為主要商品,就2011年第二季來說,保費佔率達41%。其次才是普通的定額年金保險,2011年第二季保費佔率約40%;最後才是即期定額年金與含有市場價值調整機制的定額年金。

表4.2 各季美國定額年金保險總保費的商品別配置

單位：百萬美元

期間	Q2 2011	Q1 2011	Q4 2010	Q3 2010	Q2 2010
商品型態/總保費	20,410	18,911	17,625	20,481	20,426
一般普通年金	8,177	8,578	6,027	7,471	7,860
市場價值調整年金	1,506	1,446	1,358	1,927	1,706
指數連結年金	8,438	7,132	8,351	8,972	8,642
即期年金	2,280	1,755	1,889	2,111	2,217

資料來源：Insured Retirement Institute. Industry Wide Annuity Sales Continue Double Digit Climb, 2011

台灣的指數連結年金EIA歸屬於變額年金保險，須以分離帳戶及遵循投資型保險相關規範經營；美國則認定為定額年金，需要遵循利率變動型年金保險的相關規範。另外，美國年金保險發展經驗豐富，諸如長期看護險結合年金保險、連生年金保險、個人結構式清償年金或躉繳醫療即期年金或市場價值調整年金(Market Value Adjustable, MVA)等皆是較新型態的年金保險商品，可供借鑑。

二、日本個人年金保險商品保費趨勢概況

1.日本年金保險商品的發展概況

　　亞洲第一張投資型保險於1986年在日本推出，為變額壽險商品。日本當時處於經濟繁榮的全盛期，投資型保險推出後蠻受歡迎，業績佔率迅速攀升。然而1990年後，日本經濟走上衰退，公債殖利率下滑，2000~2010年間十年期公債殖利率一直維持在1~2%，也讓壽險公司的利差損問題更形嚴重。日本壽險公司的新契約保險商品的預定利率也隨著調降，諸如由5.5%降為1.65%。

　　雖然日本的投資型保險或年金保險的發展，受限在經濟衰退與利率下滑等問題無法迅速攀升，但觀察近年來日本年金保險的業績發展，仍呈現穩定成長的趨勢，主要原因與人口老化、企業創新、稅惠因素與通路開放政策等因素攸關。企業創新方面，1988年利率變動型年金保險在日本推出，隨後美元的外幣利率變動型年金保險也出現；1999年日本也推出變額年金保險；雖然初期業績佔率仍低，但資產規模與佔率持續成長。

稅惠方面，日本對於年金保險訂有專屬的保險費扣除額，2012年個人所得稅的保險費扣除額為每人每年4萬日圓及2.8萬日圓的居民稅扣除額。另外對於銷售通路的限制，也影響著年金保險的保費發展趨勢；2002年12月日本開放銀行通路可銷售人身保險商品，也讓利率變動型年金與變額年金保險業績隨之穩定成長。

2.近年日本個人年金保險保費趨勢概況

日本壽險市場仍以人壽保險為主流，年金保險相較於壽險商品佔率低。就2010會計年度來說，個人人壽保險、健康保險與傷害保險三者合計初年度保費達63兆日圓，個人年金保險的保費則約6.9兆日圓；相較之下，就個人險來說，個人人壽保險、健康保險與傷害保險三者合計初年度保費佔率約達九成；個人年金險保費則達一成。

進一步觀察近年日本的個人人壽保險、健康保險與傷害保險的初年度保費趨勢，可發現呈現逐年降低的趨勢，從2001年的128兆日圓保費，逐年降低至2010年度的63兆日圓，十年間下滑高達近65兆日圓規模。另外，整體來說，日本近年個人年金保險的初年度保費大致穩定成長，從2001年的1.9兆日圓保費，逐年增加至2009年度的8.2兆日圓，九年間增加到6.3兆日圓規模，成長幅度值得關注。

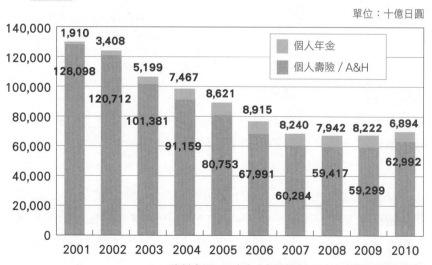

圖4.4 日本個人壽險／A&H與個人年金初年度保費趨勢

資料來源：日本生命保險協會.日本人壽保險業統計年報

從日本生命保險協會之個人年金保險新契約件數佔率數據分析，2006年度變額年金件數佔率約達44%；利率變動型年金件數佔率約達56%。隨後利率變動型年金的件數佔率持續增加，2010年度利率變動型年金件數佔率已達90%；變額年金保險的件數佔率僅餘10%，可推估近年利率變動型年金保險在日本較受歡迎。

　　借鑒日本的個人年金保險發展經驗，可發現平均來說日本近十年個人年金保險保費逐年成長；而且保費規模呈現逐年攀升趨勢，相對來說個人壽險保費反而呈現逐年下滑趨勢，值得關注。進一步可歸納出日本的個人年金保險無法被個人壽險所取代，個人年金保險明顯有其市場商機與重要性。

三、英國個人年金保險商品保費趨勢概況

1.英國年金保險發展歷程與保費趨勢概況

　　英國的投資型保險商品包含持份連結保險（Unit-Link Insurance）或指數連結保險（Equity-Link Insurance）。持份連結保險或指數連結保險起源於1956年的財政改革，當時London and Manchester公司利用稅賦上的優惠，與投資信託業（Unit Trust）合作銷售變額年金保險。

　　由於英國人口老化問題嚴重，加上金融市場發展蓬勃、國民所得高與政府稅收政策支持等因素，英國民眾對於退休金接受度與參與率極高，也讓退休年金商品成為民眾的退休投資工具主流；也為變額年金保險商品的發展建立了良好環境。

　　壽險公司經營傳統壽險商品，必須自行承擔投資風險；相較下，壽險公司經營投資型保險的投資風險較低，而且利差損問題相對低。因此，英國壽險公司的壽險商品或年金保險的商品配置重心也轉向以投資型保險商品為主軸；傳統型壽險或傳統型年金商品的銷售佔率則呈現下滑趨勢。

　　進一步觀察，英國壽險市場的退休規劃商品呈現個人年金與企業年金並重之趨勢。觀察近年趨勢可發現，2001~2006年個人年金新增資產金額高於企業年金的新增資產金額；然而2007年後，企業年金資產的新增金額已逐步超過或接近個人年金資產的新增金額；就2009年度來說，企業年金資產新增金額規模約4,950億英鎊；相對來說個人年金資產新增金額約為4,700億英鎊，二者並駕

齊驅。

　　進一步觀察，若以2009年度來說，英國個人年金與企業年金資產新增金額高達9,650億英鎊，退休金商品在英國的重要性明顯可見。另外，2008年與2009年英國的個人年金資產新增金額分別約4,000億與4,700億英鎊，相較之下可發現金融海嘯期間，英國個人年金保險商品業績並未明顯大幅下滑，反而2009年度較同期成長頗高，值得留意。原因之一為許多投資型連結保險商品包含保證最低給付特色，客戶在資本市場下滑時，常因相對保守轉而投保包含保證最低給付特色的變額年金保險商品，因此，資本市場下滑並未導致變額年金保險商品的保費大幅下滑。另外，就2001年以來觀察，各年度的個人年金資產新增金額仍達到4千億英鎊以上，且呈現穩定成長趨勢，可見英國民眾對於個人年金或退休金商品的青睞與重視。

圖4.5　英國個人與企業退休金商品新增資產金額趨勢

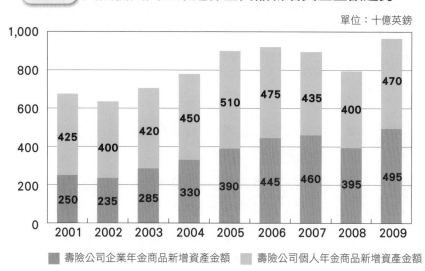

單位：十億英鎊

資料來源：英國保險學會Association of British insurers

2.英國年金保險商品佔率概況

　　依據英國保險學會Association of British insurers的統計，2009年英國整體退休金商品與壽險的資產金額為23,300億英鎊，較同期成長14%。若扣除壽險型態的退休金商品資產金額後，金額也達20,450億英鎊，顯見英國退休市場仍以年金型態的退休金商品為主軸。整體委託壽險公司管理的個人與企業退休年

金計畫的新增資產金額約為9,650億英鎊，推算壽險公司管理的退休年金新增資產金額佔率高達英國退休年金資產金額的47%，佔率近一半，可觀察到英國壽險公司在退休金市場上扮演極關鍵的角色。

退休金商品的險種分類方面，投資型退休金商品的金額佔率約為七成；傳統型分紅退休金商品2008年為18%，2009年下滑至15%；傳統型不分紅退休金商品則為13%；從數值可進一步察覺傳統型退休金商品已呈現佔率下滑狀況；而投資型退休金商品在英國壽險市場的保費佔率呈增加趨勢，佔率高達七成。

表4.3 英國壽險公司管理的個人與企業退休金金額的商品佔率分佈

商品別／年度別	2008	2009
投資型—退休金商品	69%	72%
分紅—退休金商品	18%	15%
不分紅—退休金商品	13%	13%

資料來源：英國保險學會Association of British insurers

四、中國大陸個人年金保險商品保費趨勢概況
1.中國大陸近年人身保險商品保費趨勢概況

依據2007~2011年中國保監會網頁揭露的壽險公司業務資料，近年中國大陸人身保險原保費趨勢呈現逐年成長趨勢，2008~2010皆呈現成長趨勢，但2011年則呈現衰退。尤其2010年中國大陸人身保險原保險保費收入高達10,632億人民幣，邁向兆元金額的里程盃。險種佔率部分，2010年人壽保險佔率達91%，健康險與傷害險達9%，顯見現行中國大陸仍以人壽保險商品為主軸商品。

另外，依據中國大陸保險法第九十五條，人身保險業務，包括人壽保險、健康保險、意外傷害保險等保險業務。依據保監會公佈的規範，年金保險也屬於人壽保險之一類，並未獨立分出。

另外，就2009年中國大陸個人人壽保險險種類型的原保費收入分析，主力險種為分紅壽險，原保費收入與佔率為5,047億(73%)，其次為萬能壽險，

原保費收入與佔率為977億(14%)；另外不分紅壽險的保費收入與佔率為811億
(11.7%)；投資型保險商品原保費收入僅112億人民幣，保費佔率僅1.6%。

圖4.6 **中國大陸近年人身保險主要險種原保費收入趨勢**

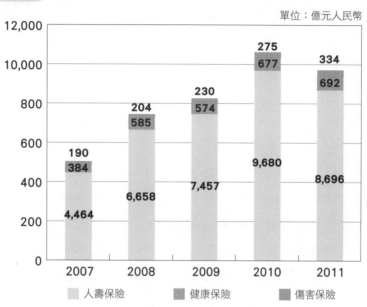

單位：億元人民幣

資料來源：中國保監會網站揭露的保險業經營資料(2007-2011年)

觀察中國大陸投資型保險業績，可發現金融海嘯後投資型保險業績持續降
溫，2008年度投資型保險商品原保費收入還有425億人民幣，保費佔率6.5%。
2009年度投資型保險商品原保費收入下滑至112億人民幣，保費佔率僅1.6%。
另外，也觀察到中國大陸分紅壽險的佔率呈現攀增趨勢；由2008年的3,800
億，保費佔率57%，2009年度原保費收入攀增至5,047億人民幣，保費佔率高
達73%。

進一步調研後發現中國大陸的年金保險商品以壽險型年金為主，主要為年
年還本型態的兩全保險或終身壽險架構。依業績來說主要為分紅壽險型年金保
險保單為主。就近年年金保險保費趨勢觀察，2006年以來中國大陸壽險業者積
極開拓商業年金保險市場，個人與企業年金保險保費金額持續增加。2010年，
中國大陸個人年金保費收入達近890億人民幣，險種部分主要為傳統分紅壽險
型年金保險，也包含不分紅壽險型年金等類似商品。從數據資料觀察，2010年
個人年金保險佔人壽保險保費的9.2%，相對於發達國家的年金保險佔率，可觀

察到中國大陸年金保險的業務規模十分有限,還有非常大的發展空間。

表4.4 中國大陸近年年金保險保費概況與佔率

單位:億元人民幣

年度	個人年金保險原保費收入	整體人壽保險原保費收入	年金佔比
2007	338	4,464	7.6%
2008	505	6,658	7.6%
2009	590	7,457	7.9%
2010	890	9,680	9.2%

資料來源:中國保監會;鄭秉文(2011)

綜合來說,中國大陸的年金保險商品,主要仍為年年給付型態的兩全保險或終身保險等壽險型年金商品,商品架構為人壽保險架構,因此費率訂價、準備金提存、保單價值準備金計算、商品定位、商品內容與保單行政、資訊系統、風險管理與投資等各面向皆與新型態年金保險明顯不同。未來須走向接近變額年金保險商品的型態或特質,方為主要國家主力的年金保險。

表4.5 主要國家或地區年金保險保費趨勢摘要

主要國家或地區	重點摘錄
台灣	●近年個人壽險與個人年金保險保費已呈現兩強鼎立的局勢。 ●金融海嘯後投資型保險業績大受衝擊,但利率變動型保險的業績反而逆勢攀上高峰。99年(2010年)投資型保險業績佔率僅13%;利率變動型商品業績攀升為43%。 ●年金保險的主要銷售通路為銀行保險通路,顯見年金保險的發展與銀行保險通路的蓬勃發展攸關。
美國	●個人年金初年度保費對於個人保險(壽險與年金)保費佔率已高達近84%;個人壽險初年度保費對於個人保險(壽險與年金)保費佔率僅達16%(依2010年數據)。 ●近年分期繳個人年金保費佔率已超越躉繳年金保費佔率。 ●變額年金保險的初年度保費佔率達5~7成;相較之下定額年金保險的保費佔率則僅在3~5成變化。

主要國家或地區	重點摘錄
日本	●個人年金保險保費佔率約佔全險種個人初年度保費的10%（依2010會計年度數據）。 ●日本近年個人年金保險保費逐年成長，而且保費規模呈現逐年攀升趨勢，相對來說個人壽險保費反而呈現逐年下滑趨勢。 ●利率變動型年金保險的投保件數佔率較變額年金保險的件數高。
英國	●企業年金資產新增金額規模達約4,950億英鎊；相對來說個人年金資產新增金額則約為4,700億英鎊，二者並駕齊驅（依2009年數據）。 ●近年個人年金資產新增金額仍達到4千億英鎊以上，且呈現穩定成長趨勢。 ●壽險公司管理的退休年金資產金額佔率高達英國退休年金資產金額的47%，佔率近一半。（依2009年數據） ●近年變額退休金商品已成為主流商品，佔率高達七成。
中國大陸	●2010年，中國大陸個人年金保費收入近890億人民幣，險種部分主要為傳統分紅終身保險或兩全保險商品。 ●2010年個人年金保險保費佔人壽保險保費之9.2%，可觀察到中國大陸年金保險的業務規模仍有限。

心靈分享篇:

- 「前腳走,後腳放」意即:昨天的事就讓它過去,把心神專注在今天該做的事上。~~ 摘錄自證嚴法師靜思語

- 英文的禮物是present;現在也是present;包含 "把握現在就是給您的禮物的智慧喔!"

- 春有百花秋有月;夏有涼風冬有雪;若無塵埃在心頭;當下就是好時節!

    作者改編自「春有百花秋有月,夏有涼風冬有雪,若無閒事掛心頭,便是人間好時節!」~~ 宋朝無門慧開禪師

Chapter **5**

中國大陸個人年金保險商品內容調研

一、個人傳統壽險型年金保險與傳統遞延年金
　　保險商品現況
二、個人利率變動型年金保險商品現況
三、個人變額年金保險商品現況

Q&A

- 近年中國大陸年金保險商品主要為哪一類型商品？
- 中國大陸利率變動型年金保險商品目前的發展進度為何？未開放或已進入試點或已全面開放？
- 中國大陸變額年金保險商品於何時開始試點？目前業者主要推出的保證最低給付特色是哪一種？商品主要為薹繳還是分期繳？

8.80　　21.10
6.50　　8.75
24.50　　6.45
17.50　　25.40
7　　17.80

一、傳統壽險型年金保險與傳統遞延年金保險商品現況

近年中國大陸個人年金保險業績以壽險型年金為主，類似年年還本型態的兩全保險或終身壽險架構。依業績來說主要以分紅壽險型年金保險保單為主。摘錄調研的中國大陸分紅壽險型年金保險與傳統個人遞延年金保險商品如後。

1.傳統壽險型年金保險商品：

主要以躉繳或分期繳費終身壽險或兩全保險商品為主軸，特定年齡後可每年領取年金，摘錄商品範例如下：

表5.1 中國大陸分紅壽險型年金保險商品範例

項目	內容摘要
繳費方式	躉繳、3年繳費
身故、全殘給付	●年金給付開始日前身故、全殘給付：已繳保費的 110% 與當時現金價值較高者；另加計累積紅利。 ●年金給付開始日後身故、全殘給付：已繳保費的 110% 扣除已領取年金金額；另加計累積紅利。
年金給付開始日	分50、55、60歲三種時點開始領取
年金給付	每年領取保額的6%
紅利領取方式	現金領取和累積生息
費用	傳統壽險並未將費用逐項揭露在條款內

資料來源：調研壽險公司網站商品資訊

2.傳統個人遞延年金保險商品：

包含躉繳或分期繳費的傳統個人遞延年金商品，以年金保險為主體，特定年齡後可每年領取年金，年金給付開始日前才有身故或全殘給付。摘錄商品範例如下：

表5.2 中國大陸傳統個人遞延年金保險商品範例

項目	內容摘要
繳費方式	躉繳、分期繳（20年繳費或繳費至被保險人60歲）

項目	內容摘要
身故、全殘給付	年金給付開始日前身故或全殘：身故或全殘返還給受益人本合同當時的現金價值。
年金給付開始日	●被保險人年滿60週歲仍生存，每月給付年金。 ●保證領取年度為10年，身故後的年金改由受益人領取。 ●年金給付金額：在投保時即決定年金領取金額。
保費費用	每次繳費時從所繳保費扣收的費用。

資料來源：調研壽險公司網站商品資訊

二、利率變動型年金保險商品現況

　　利率變動型年金保險方面，2006年5月太平洋安泰人壽(已更名為建信人壽)曾向中國保監會備案，銷售過一個利率變動型年金商品，但隨後該商品又停售，因此利率變動型年金目前在中國大陸可謂仍無具體規章辦法規範，也無商品開放銷售或試點的情形。茲將建信人壽的利率變動型年金保險的架構摘要如下表。另外進一步調研發現中國大陸部分壽險公司透過萬能人壽保險結合轉換年金選擇權模式，提供保戶彈性的年金給付選擇。

表5.3 中國大陸建信人壽的利率變動型年金保險商品架構摘要

項目	內容摘要
繳費方式	彈性繳費(不定期不定額)
身故、全殘給付	●身故或全殘返還給受益人本合同當時的保險費淨額或帳戶餘額（以較高者為準）。 ●保險費淨額等於投保人已繳保險費總額扣除所有已從帳戶領取的金額。
年金給付	●被保險人開始領取年金時可以選擇按年領取年金或一次性領取當時的帳戶餘額。 ●年金給付開始日：被保險人年滿五十週歲、五十五週歲、六十週歲、六十五週歲、七十週歲、七十五週歲、投保滿十年或投保滿二十年皆可，但年金給付開始日最遲不得超過被保險人年滿七十五週歲後的首個保單週年日。 ●年金給付金額的決定：根據年金給付開始日當日帳戶餘額、年金給付開始日當日預定利率與年金給付開始日當日生命表計算每年的年金金額。
帳戶餘額的計算	●每月計算帳戶餘額，帳戶餘額等於帳戶本金加利息。 ●利息按當月宣告的月利率計算。月利率參照中國人民銀行每月第一個營業日的二年期居民定期儲蓄存款年利率（最高可上浮1.5%）除以12。

項目	內容摘要
初始費用(管理費用)	每次繳費時從所繳保費中扣收的費用。
風險保費	身故、全殘給付保障的成本，若帳戶餘額大於保險費淨額，計算每月的帳戶本金時不再扣除風險保費。
退保費用(解約費用)	前五個保單年度退保，需扣收退保費用，退保費用率如下：10% / 8% / 6% / 4% / 2%。

資料來源：調研建信人壽的終身年金保險條款

三、個人變額年金保險商品現況

2011年5月5日中國保監會頒佈變額年金保險管理暫行辦法，讓中國大陸的變額年金保險進入試點階段，為中國大陸變額年金保險開啟了銷售大門。依據中國保監會公佈的試點辦法與變額年金保險管理暫行辦法，主管機關同意符合要求的保險公司在北京市、上海市、廣州市、深圳市、廈門市等五個沿海城市率先試點銷售變額年金保險商品。辦法中並明確定義變額年金保險是指保單利益與連結的投資帳戶投資單位價格相關聯，同時按照合同約定具有最低保單利益保證的人身保險。因此明確地確定了變額年金保險需要包含最低保單利益保證的方向；而且變額年金保險商品也可以為兩全保險，但滿期金需提供轉換年金選擇權。

費用收取部分，辦法中明訂變額年金保險的費用結構與上限，參照《投資連結保險精算規定》執行；並特別提及可以收取保證利益費用。其次銷售通路部分，也明訂可透過保險營銷員、團險外勤與銀行保險通路銷售變額年金保險商品。其中銀保通路嚴格限制在理財專櫃銷售，不得透過儲蓄櫃檯銷售；這項規範限制與投資連結保險相同。

中國大陸的儲蓄櫃檯類似在台灣的銀行辦理存款、提款與匯款等一般收付的櫃檯。

其次，關於風險管理模式與準備金提存部分，相形下最低身故利益保證最為單純。辦法中明訂最低年金給付保證、最低累積利益保證與最低滿期利益保證，可採取的風險管理模式有內部組合對沖模式和固定乘數平衡模式，另外最低年金給付保證、最低累積利益保證與最低滿期利益保證的保證利益準備金的

評估方法須採取蒙特卡羅隨機模擬法與靜態精算評估法。摘錄部分規範內容與壽險公司推出的變額年金保險商品內容如後。

表5.4　中國大陸變額年金保險管理暫行辦法規範摘錄

項目	內容摘要
試點地區	變額年金保險的銷售區域僅限在北京市、上海市、廣州市、深圳市、廈門市。
參與試點應當具備條件	●經營投資型保險業務滿三年。 ●最近一年內無受中國保監會重大行政處罰的記錄。 ●上一年度末及提交申請前最近兩個季度末償付能力處於充足Ⅱ類。 ●建立支援變額年金保險管理模式的資訊系統。
銷售通路	●可以通過保險營銷員、團險外勤、銀行保險通路銷售變額年金保險商品。 ●銀保通路嚴格限制在理財專櫃銷售，不得透過儲蓄櫃檯銷售。
商品數量限制	試點期間一家保險公司僅限申報一個變額年金保險商品。
保險期間限制	試點期間保險公司申報的變額年金保險商品的保險期間不得低於7年。
允許的最低保單利益保證種類	●最低身故利益保證、最低年金給付保證、最低累積利益保證、最低滿期利益保證
費用收取	●變額年金保險的費用結構與上限，參照《投資連結保險精算規定》執行。 ●保險公司應當在保險合同中約定各項費用收取的最高水準。 ●可以收取保證利益費用。
風險管理模式	●保險公司開辦變額年金保險的，除僅提供最低身故利益保證外，應採用中國保監會認可的管理模式。 ●中國保監會認可的管理模式有：內部組合對沖模式和固定乘數平衡模式。 ●內部組合對沖模式：保險公司應當按照資產負債匹配管理的原則，通過內部模擬期權的方式管理最低保單利益保證。 ●固定乘數平衡模式：根據投資乘數、價值底線等參數，動態地調整投資帳戶中風險資產和無風險資產間的投資比例，以管理最低保單利益保證的模式。
保證利益準備金的評估方法	●除最低身故利益保證外，保證利益準備金應取以下兩種方法計算結果的較大者：蒙特卡羅隨機模擬法、靜態精算評估法。
精算簽署	●保險公司應當為保證利益準備金建立適合的評估流程，並保證準備金評估流程確實實施。總精算師需要依據審慎性原則選擇準備金評估的模型、評估假設，定期更新評估假設並對結果的合理性和充分性負責。
揭露	●保險公司應明確揭露收取的保證利益費用。 ●保險公司應明確揭露最低保單利益保證給付的條件。
再保	不允許分保

資料來源：本研究摘錄

表5.5 中國大陸金盛人壽變額年金保險商品內容摘錄

項目	內容摘要
繳別	躉繳
承保年齡	0~70歲
保障年期與型態	七年期躉繳，投資連結兩全保險
身故保險金	●意外身故：110%×投資帳戶價值 ●非意外身故：105%×投資帳戶價值
滿期保險金	Max（最低滿期金保證金額，投資帳戶價值）
初始費用	所繳保險費的2%
買入賣出價差	每個計價日公佈的買入價與賣出價的價差為2%
資產管理費	從投資帳戶中扣除1%，按日收取
保證利益費用	個人帳戶價值的1.5%，按月收取
部份提領或退保費用	前五個保單年度為5% / 4% / 3% / 2% / 1%
保證機制	GMMB，最低滿期利益保證為100%×躉繳保費
帳戶	和諧投資帳戶，為一個平衡型投資帳戶 ●固定收益類資產：30%~90% ●權益類資產：0%~60% ●流動性資產：0%~20%
最低保費	10萬元人民幣
最低提領或退保金額限制	500元人民幣
最低帳戶餘額限制	1000元人民幣
年金化轉換權	契約滿期時可申請轉換為年金給付
管理機制	採用內部組合對沖模式進行管理

中國內地已推出之部分變額年金保險商品資訊摘要如下：

(1)金盛人壽保得盈年金保險(變額型)：批准日期2011/6/14；銷售額度批覆：9.1592億；保證
機制：GMMB；投資帳戶：和諧投資帳戶。

(2)中美聯泰大都會人壽步步穩贏變額年金保險：批准日期2011/7/6；銷售額度批覆：29億；
保證機制：GMAB；投資帳戶：風險資產、無風險資產。

(3)華泰人壽吉年保利變額年金保險：批准日期2011/11/21；銷售額度批覆：40億；投資帳
戶：尊享型、智慧型和遠見型。

(4)瑞泰福享金生年金保險（變額型）：批准日期2012/5/31；銷售額度批覆：15.52億。

生活趣事篇：

公公與媳婦

有次到中國大陸搭計程車時，聽師傅(司機)說到他買了手機送給他媳婦，花了3百元，我們直呼真是好公公啊！

直誇師傅真是好公公，對自己的媳婦那麼好，

而且那麼年輕就當公公，兒子就娶媳婦了，真好命！

只不過最後才知道，原來媳婦就是老婆喔！

真是誤會一場啊！尷尬的結束了對話。

取錢與領錢

有次到中國大陸的銀行櫃檯提款，跟他說我要「領錢」，結果一直聽不懂，說了三遍，他們才糾正我：「您要取錢」喔！所以下次到中國大陸的銀行要說取錢，領錢他們就聽不懂啊！而一般是發放工資，才叫做領錢！

Chapter 6

台灣社會保險與
勞退年金制度概況

一、四層式老年經濟安全制度

二、國民年金保險制度概況

三、勞保年金給付制度概況

四、勞工退休金條例：個人帳戶制概況

五、勞工退休金條例：年金保險制概況

Q&A

■ 國民年金保險的月投保金額目前是多少？投保金額級距共
有多少等級？

■ 勞工保險的投保薪資最高等級是多少？最低等級是多少？

■ 民眾年齡達到幾歲或年資達多少年，就可以申請國民年金
老年給付？

■ 勞工年齡達到幾歲或年資達多少年，就可以申請勞保老年
給付？

■ 勞工年齡達到幾歲或年資達多少年，就可以申請勞工退休
金老年給付？

■ 勞工退休金年金保險制目前實施進展與情形如何？遭遇哪
些瓶頸？有何建議？

■ 國民年金保險、勞工保險與勞工退休金同樣提供老年給
付，給付項目重複，因此只需要投保其中一項即可？

一、四層式老年經濟安全制度

世界銀行在1994年提出報告，提醒全球各國正視人口老化問題，並提出各國應建立政府、企業與個人自願參加等三層式老年經濟安全制度。進一步來說，三層式老年經濟安全制度應包含公營年金、企業年金與個人年金制度。

另外，方明川教授於84年1月提出中國四層式老年經濟安全制度，除公營年金、企業年金與個人年金制度外，並納入傳統孝道現代化制度與社會福利制度，諸如：子女養育、托老所、養老院與慈善救助之老年經濟安全制度，呈現中國四層式老年經濟安全制度。進一步來說，四層式老年經濟安全制度包含現代化孝道制度與社會福利制度之建立或強化、社會保險年金制、企業年金制與個人年金制。四層式老年經濟安全制度與中國社會現況與經驗相近，也與世界銀行概念相輔相成。

圖6.1 四層式老年經濟安全制度

個人
年金

企業年金

社會保險年金

傳統孝道制度與社會福利

資料來源：方明川(84年)

從多層式老年經濟安全制度精神可歸納出，完整退休養老制度之建立，絕非單純政府當局之責任、也不是單純屬於企業雇主或員工之責任、更不單單是個人長期儲蓄習慣的建立，而是需要政府當局、產業界及民眾多方長期齊力建立與推動。各層的年金制度中，各有不同的主軸與焦點，各層之間相輔相成。公營年金部分僅能提供民眾普遍且基本的退休養老生活保障，不足部分有賴企業年金制度與個人退休儲蓄之補足，以滿足民眾更高水準與更高層次的退休養老需求。從許多先進國家經驗觀察，由於面臨著嚴重的財政赤字與財政負擔，商業企業年金保險與個人年金保險已扮演老年經濟安全制度重要角色。本書歸納美國、英國、日本與台灣之老年經濟安全制度如下表供參。

表6.1　主要國家或地區的老年經濟安全制度摘要

國家或地區	層次	主要構成	補充說明
美國	公營年金	依據社會安全法制定，包含老年退休、遺囑給付、殘障與醫療保障 (Old age, Survivors, Disability and Health Insurance , OASDHI)	強制性；基金來源為徵收社會安全薪資稅。
	企業年金	401K 雇主退休金計畫、457地方政府公務員退休金計畫、團體年金保險等	員工自願參加，涵蓋政府與民營企業員工企業年金制度。
	個人年金	可區分為享有稅惠的適格年金保險與不享有稅惠的非適格年金保險	個人自願參加；政府提供專屬稅惠誘因。
英國	公營年金	1.基礎年金計畫(The Basic State Pension) 2.附屬年金計畫(State Earnings Related Pension Scheme or State Second Pension)與職業年金計畫(Occupational Pension)等	●基礎年金計畫為強制性，基金來源為徵收國家保險稅，採取定額年金方式給付年金。 ●附屬年金為強制性，提供多種附屬年金供民眾選擇。
	企業年金	員工自願附加提撥(Additional Voluntary Contributions)等	由員工自願提繳的年金計畫
	個人年金	個人儲蓄帳戶(Individual Saving Accounts)等	●個人自願參加；包含一般年金、投資型年金等多種選擇，例如:with-profit annuity(分紅型年金), unit-linked annuity投資連結型年金等 ●政府提供稅惠誘因。

國家或地區	構成層次	主要構成	補充說明
日本	公營年金	1.國民年金(基礎年金) 2.厚生年金、共濟年金	●強制性，政府經營。 ●厚生年金承保對象為厚生年金保險法所列之企業員工。共濟年金主要對象為公務員與學校教職員、公會職員。
	企業年金	國民年金基金、厚生年金基金與適格退職年金等	員工自願參加，涵蓋政府與民營企業員工企業年金制度。
	個人年金	已有利率變動型年金或變額年金保險	個人自願參加，政府提供專屬稅惠誘因。
台灣	公營年金	1.國民年金保險 2.社會保險年金(公教人員保險、勞工保險等)	●強制性；政府經營。 ●國民年金保險主要針對未參與社會保險年金之民眾推出。
	企業年金	勞工退休金(依照勞工退休金條例建立)、公教人員退休金(依照公教人員保險法) 等	●企業雇主為員工強制提繳；員工可以選擇額外自願提繳。 ●亦可選擇採取年金保險制，惟限制過多，形同虛設。
	個人年金	已有傳統型年金保險、利率變動型年金保險與變額年金保險等多種商品選擇。	大眾自願投保

資料來源：本研究歸納

　　就台灣勞工而言，政府公營的年金保險制度分別有國民年金保險、勞工保險與勞工退休金等三種，這三項公營年金保險制度可說是台灣勞工老年退休養老體系的第一層與第二層保障，第三層則為民眾自行投保的個人商業年金保險。

二、國民年金保險制度概況

1.國民年金保險制度摘要：

　　國民年金保險於97年10月1日依據國民年金法開辦，主要針對尚未有社會保險保障的民眾，提供基本的老年年金與生育、身心障礙、喪葬與遺屬等給付。國民年金保險具有以下特點，摘要如下：

　　(1)承保對象：針對年滿25歲、未滿65歲，未參加軍保、公教人員保險、勞保與農保期間；而且主要針對尚未領取軍保、公教人員保險與勞保老年年金

給付的民眾納保。

中斷1天也要納保，保費已改為按日計算。

(2)**月投保金額固定**：國民年金保險之投保金額只有一個固定金額（101年投保薪資為17,280元），與全民健保或勞工保險等其他社會保險不同，並未依照薪資金額高低而提供高低不同的投保金額。

(3)**年資不中斷**：被保險人投保年資可以持續累積，投保年資愈久，領取的老年年金給付金額愈高，而且保險年資可以合併計算。

(4)**可同時請領**：國民年金保險老年給付與勞保或勞工退休金等其他社會保險之老年年金給付，可同時請領。

(5)**老年年金給付結合遺屬年金給付**：符合資格要求，被保險民眾身故，遺屬可領取遺屬年金，以獲得更週延的年金保障。

(6)**老年年金給付規定**：民眾只需要繳納保費就可以累積年資，繳納年資愈久，未來老年年金領取金額愈高。民眾年齡達65歲，就可以開始領取老年年金給付，並無最低年資要求。老年年金給付按月給付，領取金額採擇優給付，101年最低年金領取金額調整為3,500元。

● 月投保金額 × (0.65%) × 年資 ＋ 3,500
● 月投保金額 × (1.3%) × 年資

2.領取範例：

(1)章小姐，國民年金保險年資10年，投保金額皆為17,280，請問65歲起，每月可領取多少年金?

● A：17,280 × 0.65% × 10 ＋ 3,500 ＝ 4,623元
● B：17,280 × 1.3% × 10 ＝ 2,246元

由於月投保金額固定為17,280，因此年資低於31年以內，選擇A式皆較B式有利。

三、勞保年金給付制度概況

1.勞保年金給付制度摘要：

　　97年7月17日勞工保險條例修訂案，終於在立法院三讀通過，並自98年1月起實施，勞工保險正式邁向老年給付年金化。勞保年金給付，具有以下幾項要點，列舉如下：

　　(1)投保薪資級距：101年起最低投保薪資調整為18,780元，最高投保薪資調整為43,900元，共區分20個投保薪資級距。

　　(2)年資不中斷：被保險人退保後再參加保險時，其原有保險年資可以合併計算；被保險人投保年資可以持續累積。投保年資愈久，領取的老年年金給付金額愈高。

　　(3)老年給付請領資格為60歲：年金給付或一次給付併行，老年給付之請領年齡，目前為60歲，預計逐步提高至65歲。

> ● 保險年資＜15年：選擇一次領取
> ● 保險年資≧15年：選擇老年年金給付

　　● 勞工保險條例修正施行前年資，可以選擇一次給付或年金領取。

　　(4)老年年金給付金額計算：平均月投保薪資依照投保期間最高60個月的月投保薪資計算；並按月領取老年年金給付，領取金額計算採擇優給付，最低每月3,000元：

> ● 平均月投保薪資 ×（0.775%）× 年資 ＋ 3,000
> ● 平均月投保薪資 ×（1.55%）× 年資

　　● 展延年金：每延後一年請領年金，年金給付額外增加4%，最多額外增加20%。

　　● 減額年金：每提前一年請領年金，年金給付減少4%，最多減少給付20%，以提前5年請領為限。

　　(5)老年年金給付結合遺屬年金給付：符合資格要求，被保險員工身故，遺屬可領取遺屬年金，以獲得更週延的年金保障。

　　(6)年金給付金額隨通貨膨脹調整：累積通貨膨脹率超過＋5%或－5%時，老年年金給付之金額將隨之調整。

表6.2 勞工保險投保薪資分級表

投保薪資等級	月 薪 資 總 額	月投保薪資	日投保薪資
100年12月9日行政院勞工委員會勞保2字第1000140431號公告修正發布，一〇一年一月一日施行			
第 1 級	18,780元以下	18,780元	626元
第 2 級	18,781元至19,200元	19,200元	640元
第 3 級	19,201元至20,100元	20,100元	670元
第 4 級	20,101元至21,000元	21,000元	700元
第 5 級	21,001元至21,900元	21,900元	730元
第 6 級	21,901元至22,800元	22,800元	760元
第 7 級	22,801元至24,000元	24,000元	800元
第 8 級	24,001元至25,200元	25,200元	840元
第 9 級	25,201元至26,400元	26,400元	880元
第 10 級	26,401元至27,600元	27,600元	920元
第 11 級	27,601元至28,800元	28,800元	960元
第 12 級	28,801元至30,300元	30,300元	1,010元
第 13 級	30,301元至31,800元	31,800元	1,060元
第 14 級	31,801元至33,300元	33,300元	1,110元
第 15 級	33,301元至34,800元	34,800元	1,160元
第 16 級	34,801元至36,300元	36,300元	1,210元
第 17 級	36,301元至38,200元	38,200元	1,273元
第 18 級	38,201元至40,100元	40,100元	1,337元
第 19 級	40,101元至42,000元	42,000元	1,400元
第 20 級	42,001元以上	43,900元	1,463元

2.領取範例：

(1)蔡小姐，勞保年金保險年資20年，投保金額皆為43,900。請問60歲起，每月可領取多少老年年金給付?

> ● A：43,900 × 0.775% × 20 ＋ 3,000 = 9,804.5元
>
> ● B：43,900 × 1.55% × 20 = 13,609元

年資愈長，愈適宜選擇B式；就本範例試算，八年及八年以下選擇A式較有利；年資九年以上，選擇B式較有利。

(2)蔡小姐，投保金額皆為43,900，預計延至65歲領取老年年金給付，預計年資為25年，請問65歲起每月可領取多少老年年金給付？

- A：43,900 × 0.775% × 25 + 3,000 = 11,506元
- B：43,900 × 1.55% × 25 = 17,011元
- 展延年金：17,011 × (1 + 20%) = 20,413元

(3)蔡小姐，投保金額皆為43,900，預計提早至55歲領取老年年金給付，預計年資為15年，請問55歲起每月可領取多少老年年金給付？

- A：43,900 × 0.775% × 15 + 3,000 = 8,103元
- B：43,900 × 1.55% × 15 = 10,207元
- 減額年金：10,207 × (1 − 20%) = 8,166元

四、勞工退休金條例：個人帳戶制概況

台灣勞工退休金制度已在94年7月1日改良成退休金可持續累積的個人帳戶，屬於確定提撥制(Defined contribution)。勞工退休金制度可區分為二種，其一為個人帳戶制，由行政院勞工委員會(簡稱勞委會)組成勞工退休基金監理委員會管理，行政作業則由勞工保險局一併處理。其二則為年金保險制，由壽險公司經營，勞委會與金管會保險局共同監理。

1.勞工退休金制度個人帳戶制概況

台灣勞工退休金個人帳戶制由政府經營管理，雇主每月依據勞工工資提撥至少6%；另外員工可以自願提繳，提撥比率6%以內可自當年度個人綜合所得淨額中全數扣除。勞工退休基金由勞工退休基金監理委員會管理，收益率保證不低於二年定期存款利率。摘要列舉如下：

(1)**雇主負擔的提繳率不得低於勞工每月工資的6%。**

(2)勞工自願提撥每月工資6%以內的金額，得自當年度個人綜合所得淨額中全數扣除。

(3)**請領條件：**

● **年滿60歲，保險年資15年以上，請領月退休金。**

● **年滿60歲，保險年資未滿15年，請領一次退休金。**

(4)**平均歷年收益率**低於二年定期存款利率者，其差額由國庫補足。

(5)**基金管理：**勞工退休基金監理委員會得委託金融機構管理。

(6)**投保薪資級距：**101年起最低投保薪資調整為1,500元，最高投保薪資調整為150,000元；共區分62個投保薪資級距。

(7)**退休帳戶持續累積且年資不中斷：**被保險人之退休帳戶可以持續累積，資金累積愈多，未來領取的金額愈高，而且退休帳戶不因年資中斷或轉換工作而歸零。

(8)**老年年金給付結合延壽年金：**申領老年年金給付時，在平均餘命前透過年金方式領取老年給付，並需預扣部分給付金額，作為投保延壽年金之財源，以提供活得愈久領得愈多的終身生存年金保障。另外，符合資格要求，被保險員工身故，遺屬或指定請領人可請領個人退休金專戶結算剩餘金額。

延壽年金可以考慮修改為：委由壽險公司提供終身生存年金給付，應該比較便利。

從勞工退休金目前提繳統計數據，可發現勞工退休金實施已相當普遍且資金累積金額極快。然而自願提繳人數偏低，低於一成，因此累積的退休金絕大部分來自公提(公司提撥)，可見雖然享有所得稅稅惠，但勞工自願提繳的意願偏低，有待宣導與改善。

(1)提繳單位數：約42萬企業，提繳生效人數：近525萬人，累計個人專戶人數：近822萬人 (截至100年3月底)。

(2)累計已收退休金6,251億4,295萬餘元 (截至100年4月25日)。

(3)退休金核發件數：11萬3,963件，退休金核發金額：66億9,002萬餘元(截至100年5月5日)。

(4)自願提繳人數：約32萬人 (截至100年3月底)。

資料來源：勞委會與勞保局網站資訊

勞工退休金基金操作績效存在許多改善空間。

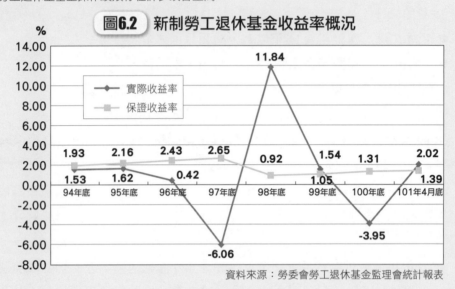

圖6.2 新制勞工退休基金收益率概況

資料來源：勞委會勞工退休基金監理會統計報表

2. 領取範例：

(1)蔡小姐勞工退休金公司提繳部分，已前後累積了50萬元，再加上蔡小姐自願提繳的累積金額30萬，請問蔡小姐總共累積多少勞工退休金？

A：蔡小姐總共提繳部分50+30=80萬元，但需再加計每年投資收益，而且投資收益具有最低二年定期存款利率保證，建議可初步依照每年二年定期存款利率1.5%概算。

五、勞工退休金條例：年金保險制概況

台灣勞工退休金年金保險制公佈迄今已逾七年仍形同虛設，並無任何保險公司參與。主要原因包含壽險公司經營企業年金保險同樣必須保證平均收益率不低於二年期定期存款利率。其次年金保險制只開放員工數200人以上的大企業可以選擇企業年金保險制，員工數未達200人一律僅能選擇個人帳戶制。茲摘要列舉台灣年金保險制的相關規範如下：

1.年金保險制概況

(1)保單平均收益率不得低於二年定期存款利率：

給付標準與方式依年金保險契約規定，由壽險公司經營管理，並由勞委會與金管會保險局監理。

(2)僅開放員工數200人以上大企業：

依據勞工退休金條例第35條第1項，企業實施年金保險必須符合員工數200人以上的企業且需全體員工(含選擇舊制員工)1/2以上同意。

(3)雇主負擔的提繳率不得低於勞工每月工資的6%。

(4)請領條件：依據年金保險實施辦法第42條

● 勞工年滿六十歲，工作年資未滿十五年，請領一次退休金。

● 年金保險契約應約定，勞工年滿六十歲，工作年資滿十五年以上，請領月退休金。

● 依據金管會94年11月29日頒佈的勞退企業及勞退個人年金保險示範條款，退休金得請領之日不得低於被保險人年滿六十歲之日，並不宜晚於被保險人保險年齡八十歲。

(5)適用的保險商品：

依據目前頒佈的示範條款，僅有利率變動型年金保險適用，尚未見變額年金保險的適用，畢竟變額年金保險又如何保證最低收益率？其次，依據「勞工退休金條例年金保險實施辦法」，變額年金保險型態的企業年金商品需設置專設帳簿。

(6)所得稅惠：

目前依據勞工退休金條例，年金保險制未能比照個人帳戶制享有員工自願提繳的6%免稅優惠。

表6.3　台灣勞工退休金制度年金保險制法令規範摘要

項目	企業年金保險法令規範摘要
人數限制	針對員工數200人以上大企業且需全體員工(含選擇舊制員工)1/2以上同意
最低保證收益	保單收益率不得低於2年定存利率
投資標的選擇	無

項目	企業年金保險法令規範摘要
保險商品限制	目前僅公佈利率變動型年金示範條款，並無投資型與分紅傳統型保險的示範條款
提早提領或保單貸款	●退休金給付年齡，年金保險契約不得約定低於六十歲 ●要保人及被保險人不得以保險契約為質，向保險人借款 ●勞工未符合請領條件前，不得請領保單價值準備金
提撥率與所得稅稅惠	●雇主提撥率不得低於勞工每月工資的6% ●目前年金保險制，員工自願提繳部分未能比照個人帳戶制享有6%免稅額
契約關係	●保險契約關係 ●給付標準與方式依年金保險契約規定 ●年金保險契約應由雇主擔任要保人，勞工為被保險人及受益人
監管機構	勞委會，金管會保險局
個人帳戶	確定提撥制(Defined contribution)
累積業績	0元
備註	

資料來源：本研究歸納

2.對於台灣企業年金保險制之建議

依據目前年金保險制的規範，年金保險制需要勞工年滿六十歲才可以開始領取年金，未滿六十歲前，勞工無法動用退休金帳戶的資金。假若勞工六十歲前遭遇特定傷病或有購屋置產、教育資金或緊急醫療需求，仍然無法提前動用，因而造成勞工自行提撥的比率大幅偏低。另外，企業年金保險制，勞工只能選擇是否自行提撥，根本無權自行選擇投資標的或計畫方案別，因而造成自行提繳的比率大幅偏低。

另一個重點是企業年金保險制有最低保證收益率限制，人數限制又過嚴，又不允許變額年金連結共同基金等標的，難怪只聞年金保險制，但已超過7年仍未開放經營，未來應逐步檢討改造。初步建議台灣年金保險制度未來可考量以下幾點建議，方能更符合民眾之退休儲蓄需求。

(1)放寬參與經營年金保險制的資格條件與各項限制

應放寬參與經營年金保險制的資格條件與各項限制，並盡速核准金融保險業經營年金保險制度。諸如：應降低年金保險制的門檻並取消民營金融保險機

構也須符合最低收益率的限制。

(2)年金保險制應包含更多給付彈性與範圍

台灣未來可以逐步開放勞工退休金的功能或用途，例如：購屋、長期患病住院、醫療或失能的提領等需求，也可開放勞工辦理提早提領或貸款，以增加其彈性與範圍，如此勞工自願提繳比率才能提高。

(3)保戶應擁有投資儲蓄的決策權

建議未來可採取類似新加坡中央公積金的模式，兼有政府經營的保證最低收益退休金商品，也有經核准且無保證最低收益的民營退休金商品可供選擇。

表6.4 摘要比較：國民年金保險、勞工保險老年給付與勞工退休金

構面/保險別	國民年金保險老年給付	勞工保險老年給付	勞工退休金
最高投保薪資	17,280	43,900	150,000
領取老年給付年齡限制	≧65	≧(60-65)	≧60
一次給付或年金給付標準	採年金給付	●保險年資15年以上，請領月退休金。 ●保險年資未滿15年，請領一次退休金。	●保險年資15年以上，請領月退休金。 ●保險年資未滿15年，請領一次退休金。
年金金額計算	●月投保金額×(0.65%)×年資＋3,500 ●月投保金額×(1.3%)×年資	●月投保薪資×(0.775%)×年資＋3,000 ●月投保薪資×(1.55%)×年資 ●月投保薪資：投保期間最高60個月平均值	●依個人帳戶累積本息換算年金金額。 ●應另投保超過平均餘命部分之年金保險。
年金給付	終身生存年金	終身生存年金	年金給付結合延壽年金

Chapter 7

透過個人年金保險
規劃退休理財

Q&A

■ 琳瑯滿目的儲蓄或投資商品，哪些商品比較適宜作為
短期儲蓄？哪些商品則能提供終身保障兼顧儲蓄功
能？哪些商品適合退休儲蓄規劃？

■ 如何利用多元化理財商品，作好全方位理財規劃？

■ 退休理財規劃的流程與步驟？

■ 如何利用利率變動型年金保險規劃退休或儲蓄？

■ 如何利用變額年金保險規劃退休或儲蓄？

一、全方位個人理財規劃與退休理財

1.全方位個人理財規劃與退休理財

　　個人理財攸關個人日常生活與資金規劃的開源節流，任何人不論貧富、貴賤、性別、年齡及職業，都需面對各種理財的問題，諸如：購物、購屋、存款、教育、旅遊、報稅、保險與退休金規劃。其實，個人理財不外乎「開源節流」。節流指控制支出，例如：節稅及控制日常消費支出。開源指增加收入，其中儲蓄與投資就是典型的開源行為之一，透過銀行存款、標會、債券、股票、期貨、不動產、人壽保險、年金保險、投資型商品、共同基金及信託商品等金融保險工具，獲得保障、產生投資收益或儲蓄生息。

　　多元化個人理財工具競逐於金融保險市場，全方位個人理財時代隨之來臨。各種理財工具之功能各有不同，選擇何種金融工具或金融機構，端視理財需求而定。然而，保戶或投資者擁有多元化的理財需求，必須仰賴多種金融機構提供多元化金融保險服務，才能達成多元化理財目標。

　　民眾具有多元化投資理財需求，也確實需要多樣化的保障、儲蓄、投資或退休工具，才能滿足各式各樣的需求。　然而深入頗析各項主要理財工具後，不難發現各理財工具各有其核心功能，如果忽略了商品或工具的核心功能，其實相當於客戶挑選錯誤的理財工具，也將造成後續的缺憾或糾紛。舉例而言，2年期儲蓄、金額為20萬元，民眾應該透過定期儲蓄存款，而非活期存款或終身保險或躉繳儲蓄保險來儲蓄最佳，否則可能出現儲蓄收益率偏低或解約損失等問題。

　　相形之下，躉繳儲蓄型保險商品或共同基金，可作為中長期儲蓄或投資工具，但不見得適合作為終身退休儲蓄投資工具，因為躉繳儲蓄型保險商品或基金等理財工具並未提供終身生存年金給付。

　　另外，相較之下，終身增額壽險雖有長期保障兼儲蓄功能，但仍未提供終身生存年金給付，因此其退休儲蓄功能當然較終身還本壽險商品差；但終身保障功能卻較終身還本壽險佳，二種商品之核心功能明顯不同。

　　另外，就終身還本壽險與利率變動型年金保險相比較，終身還本壽險提供終身保障功能，但相較之下儲蓄功能與金融理財功能較弱。利率變動型年金保險的投保手續簡便、商品簡單易懂、穩定儲蓄、免費提領與終身生存年金商品內容，實是一大優勢。然而單純透過利率變動型年金保險作為退休規劃工具自

然不足，因為長期通貨膨脹侵蝕與長期儲蓄收益受限問題，也需要考量。建議民眾可搭配變額年金保險，透過變額年金保險的多元化基金標的、定期定額投資與免費基金轉換等功能，強化長期投資報酬。

表7.1 全方位個人理財之架構

民眾理財需求		金融機構		金融保險商品
老年退休金		壽險業		人壽及健康險保單
子女教育費用		產險業		財產及責任險保單
資金管理		銀行業		萬能壽險保單
結婚基金		證券業		變額(萬能)壽險保單
成家與購屋	透過	投信業		利率變動型年金保單
創業基金		投顧業		變額年金保單
投資致富		票券業		信託商品
旅遊基金		期貨業		活期存款、定存、定儲
喪葬費用		其它		票券、債券
遺族生活保障				共同基金
緊急事故資金需求				房地產
醫療費用需求				股票
其他理財需求				期貨、黃金、選擇權
				其他

資料來源：參考方明川《商業年金保險概論》修訂

表7.2 退休理財規劃工具比較

儲蓄或投資商品別	特色或功能	適合需求
活期存款	●短期低利儲蓄 ●無保障功能；無終身年金給付功能	短期資金停泊與日常交易需求。
定期或定期儲蓄存款	●短期儲蓄 (0.5~3年) ●無保障功能；無終身年金給付功能	0.5~3年的短中期儲蓄需求。
銀行指定用途信託基金/共同基金	●多檔基金標的可供選擇，可以單筆或定期定額投資，非常便利。 ●除銷售手續費與基金轉換手續費外，銀行通常需洽收管理費，例如:第2年起每年收0.2%。 ●長期需留意費用侵蝕獲利 ●無保障功能；無終身年金給付功能 ●共同基金較不適合作為短線進出之工具，否則投資風險或費用過高。	有中長期投資需求之客戶，諸如：2~10年投資。

儲蓄或投資商品別	特色或功能	適合需求
躉繳儲蓄型壽險(萬能保險、躉繳養老保險)	●契約期間諸如五~十年。 ●契約期間內具有保障功能,無終身年金給付功能。 ●需要負擔解約費用與保費費用。 ●長期儲蓄收益率略高於定期存款,但長期仍受通貨膨脹侵蝕。	單筆中高額中長期儲蓄需求。
終身增額型壽險	●適宜終身保障與強迫儲蓄功能。 ●無終身年金給付功能。 ●通常需要負擔解約費用,而且短期解約將產生虧損。 ●長期儲蓄收益率可能相近於存款利率。 ●增額保障可降低通貨膨脹侵蝕。	終身保障與長期儲蓄需求。
終身還本型壽險(年年還本)	●適宜終身保障與強迫儲蓄功能。 ●具有終身年金給付功能,但相對而言儲蓄收益率可能較低,因為提供終身保障功能耗費許多成本。 ●通常需要負擔解約費用,而且短期解約將產生虧損。 ●長期儲蓄收益率可能相近於存款利率。	終身保障與年金給付需求。
利率變動型即期年金	●具有終身年金給付功能,適宜已累積或已領取高額退休金客戶。 ●無終身保障功能。 ●解約無法領回解約金,也無法辦理保單貸款。 ●長期受通貨膨脹侵蝕,而且商品無法提供保障且無法滿足客戶臨時資金需求。	適宜已累積或已領取高額退休金客戶。
利率變動型年金保險(遞延)	●中長期宣告利率或儲蓄收益率常高於存款利率。 ●具有終身生存年金功能,但無保障功能。 ●具有提領與貸款功能,便於因應臨時資金需求,但需負擔相關費用。 ●中長期儲蓄收益率略高於定期存款,但長期仍受通貨膨脹侵蝕。	適宜單筆中長期儲蓄及退休儲蓄。
變額年金保險(遞延)	●通常無終身壽險保障功能,具有終身年金給付功能。 ●需要負擔解約費用、保費費用或管理費用 ●具有多元化基金標的供保戶選擇,保戶可搭配自身退休投資規劃需求,挑選標的配置。 ●具有貸款與提領功能,但需負擔相關費用。	適宜單筆或定期定額中長期投資或累積退休金。

短期、中期、長期與終身，各有適合客戶之理財工具，客戶必須先確認自身之理財目標與儲蓄投資期間長短。

2.退休理財規劃的流程

(1)檢視與建構基礎保障與日常開支規劃

規劃退休理財前，必須先檢視與建構自身或家庭的基礎壽險、產險、傷害與醫療保障，而且需要預留資金作為日常家庭基本開銷，諸如：房貸支出或房租支出、日常食衣住行費用、子女教育費用與保費支出等項目。

(2)訂立與預估個人退休需求目標

預估自己預計的退休年齡與預估每月所需退休所得金額。

(3)計算出預估的退休金缺口

先試算目前已儲蓄或投資的退休金額，隨後計算出預估的退休金缺口，就可以進一步訂定出從現在開始到預定退休年齡，每月必需儲蓄或投資的金額。

●預估自己的國民年金保險與勞保老年年金給付可以領取的每月老年給付金額或一次領取的金額。

●預估自己的勞工退休金可以領取的每月給付金額或一次領取的金額，當然必須同時納入公司提繳與自行提繳部分。

●如果為一次給付，可將給付金額投保利率變動型即期年金後，計算每月或每年可領取的年金金額。

(4)退休理財工具之挑選與配置

挑選可行的儲蓄或投資商品，例如：年金保險商品、信託商品或共同基金，並初步規劃資產配置比率。

(5)定期檢視與調整退休理財計畫。

二、利率變動型年金保險運用於退休理財之建議

利率變動型年金保險的主要商品內容中，尤其以低風險穩定儲蓄、商品簡單易懂、投保手續簡便與費用低等四項特色最為吸引人。尤其當民眾的保險知識教育或保險訓練較缺乏而且擔心虧損時，透過利率變動型年金保險作為中長

期儲蓄或退休規劃更為切合需要。

壽險公司可針對不同年齡層民眾的保險理財需求,透過利率變動型年金保險商品滿足保戶的保險理財需求。針對40歲以下的父母或初入社會青少年,最重要的是需要擁有基本壽險、醫療與傷害險保障。並可積沙成塔,透過利率變動型遞延年金保險作儲蓄規劃或子女教育基金規劃,尤其投保手續簡便且商品簡單易懂、又能穩定儲蓄,十分切合需要。

另外,針對年齡已超過40歲的民眾,通常已擁有基本壽險、醫療與傷害險保障;此階段應該提早為退休基金作準備,此時可透過利率變動型遞延年金保險作儲蓄,而且配置比率須提高,否則資金累積有限,難以支應未來退休生活之所需。

另外,針對年齡高於60歲的高年齡族群,若已經儲存高額退休金,可主要透過投保利率變動型即期年金保險,作為未來退休後生活所需之資金來源。此外,可投保累積期間短的利率變動型遞延年金保險,未來定期從年金保單價值準備金辦理解約或提領方式支應退休生活所需資金,抑或透過年金化後領取年金給付方式支應退休生活所需資金。

表7.3 各年齡層保險理財規劃建議1

年齡級距	退休規劃與保險理財規劃建議	資產配置比率建議
20~39歲	●規劃基本壽險、醫療與傷害險保障 ●小額儲蓄或子女教育基金:利率變動型遞延年金	65% 35%
40~59歲	●規劃更週全醫療與壽險保障 ●退休規劃主軸:利率變動型遞延年金	40% 60%
60歲及以上	●投保利率變動型即期年金 ●投保累積期間短的利率變動型遞延年金	60% 40%

三、變額年金保險運用於退休理財之建議

變額年金保險的主要商品內容中,尤其以投資與資金累積功能、標的選擇多元、免費基金轉換與彈性繳費等特色最為吸引人。尤其民眾考慮通貨膨脹侵

蝕時，透過變額年金保險作中長期投資或退休金累積尤其適宜。

　　壽險公司可針對不同年齡層民眾的保險理財需求，透過變額年金保險商品以滿足保戶多元化保險理財需求。針對40歲以下族群或社會新鮮人，最重要的是需要擁有基本壽險、醫療與傷害險保障。其次可透過定期定額繳費方式，投保變額遞延年金保險，作長期投資規劃或子女教育基金準備，此時主要標的可選擇積極成長型或全球型股票型基金。

　　其次40歲以上的民眾，通常已擁有基本壽險、醫療與傷害險保障，此階段最重要的是退休基金或子女教育基金的準備，除了透過利率變動型遞延年金作退休金儲蓄或子女教育基金儲蓄外，同時可以透過變額年金保險逐年累積投資基金，此年齡層客戶也可以選擇保證最低年金給付或保證最低滿期給付特色，主要標的可選擇成長型或平衡型投資標的。

　　最後，針對年齡高於60歲的老年族群或屆臨退休族群，若已經累積足夠的退休金，可主要透過投保利率變動型即期年金，作為未來退休後生活的所需資金來源。另外可投保累積期間短的利率變動型遞延年金與變額年金保險，同時透過穩定儲蓄商品與變額年金保險商品累積退休資金，以滿足退休生活的多元需求。

表7.4　各年齡層保險理財規劃建議2

年齡級距	退休規劃、儲蓄規劃與保險理財規劃建議	資產配置比率建議
20~39歲	●規劃基本壽險、醫療與傷害險保障 ●小額儲蓄：利率變動型遞延年金 ●小額投資：分期繳變額年金保險	60% 20% 20%
40~59歲	●加強壽險與醫療保障 ●儲蓄：利率變動型遞延年金 ●投資：變額年金保險	35% 30% 35%
60歲及以上	●退休收入：利率變動型即期年金 ●儲蓄投資：累積期間短的變額遞延年金或利率變動型遞延年金	50% 50%

四、 上網退休理財示範說明

1.人壽保險公會網站

(1)登錄人壽保險公會網站 http://www.lia-roc.org.tw/

(2)進入退休需求分析,並逐一完成各個選項:

● 填入基本數據:已婚、勞工、每月薪資與退休年齡等數據

(3)按下計算後算出退休金不足金額(退休金缺口)

● 依照填入之數據後,系統算出必要的養老資金達1,436萬,已有的養老準備361萬,退休金缺口1,075萬。

必要的養老資金		已有的養老準備	
家庭養老資金	1247萬	現有流動資產	55萬
喪偶養老資金	189萬	預估工作退休金	73萬
		社會保險退休金	143萬(以45個月基數計算)
		養老保險金	75萬
		商業年金累繳金額	15萬
你必要的養老資金		1436 萬 − 你已有的養老準備	361 萬
		= 你需要的退休金尚不足	1075 萬

2.證券投資信託暨顧問公會

(1)登錄證券投資信託暨顧問商業同業公會 http://www.sitca.org.tw/

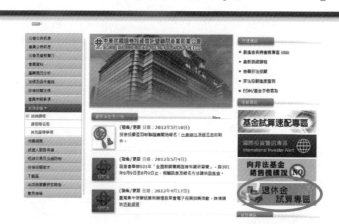

(2)選擇退休金試算專區

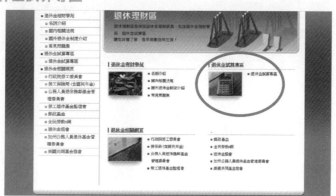

(3)逐一填入各選項：

退休金試算專區

目前年齡		歲
預計退休年齡		歲
預計壽命		歲

（內政部統計95年男女平均餘命各為75及81歲）

目前每月薪資		元
希望退休後每月可花費金額		元
預估通貨膨脹率	3	%
結清勞工退休舊制總額	0	元
勞退新制預計請領總額		元

連結勞工個人退休金專戶試算表（勞委會），讓確退休可保留本金及收益

勞工保險老年給付領取總額		元

連結勞工保險老年給付年資試算程式（新北市政府人事處人事數位典藏網站計提供）

其他自行準備儲備金總額		元

（如：儲蓄型保險金、投資型保險單、定存...）

(4)試算結果：退休金缺口金額約1,208萬

(5)達成退休目標，每月應投資金額

- 填入每年報酬率假設最高5%，最低4%。
- 得到每月應該投資的金額為21,084元或24,162元。

3.勞委會與勞保局網站

(1) 登錄勞工退休金金額試算，先填入薪資與投資報酬率等數據

- 填入目前薪資6萬元；退休金年投資報酬率假設5%；個人每年薪資成長率2%、提撥率6%與工作年資20年，得到可領月退休金11,560元

勞工個人退休金專戶試算表(勞退新制)

(2)個人帳戶之各年度本利和：第15年底可累積110萬元

個人帳戶制試算表

年別	個人薪資	年提撥數	收益	累計提撥本金	累計本金及收益年金
結清舊制年資移入專戶之退休金至退休時累積本金及收益：					0
1	60,000	43,776	1,003	43,776	44,779
2	61,200	45,936	4,295	89,712	94,007
3	62,424	45,936	10,048	135,648	145,696
4	63,672	45,936	18,385	181,584	199,969
5	64,946	48,096	29,486	229,680	259,166
6	66,245	48,096	43,547	277,776	321,323
7	67,570	50,256	60,764	328,032	388,796
8	68,921	50,256	81,356	378,288	459,644
9	70,300	52,416	105,539	430,704	536,243
10	71,706	52,416	133,553	483,120	616,673
11	73,140	55,080	165,649	538,200	703,849
12	74,602	55,080	202,103	593,280	795,383
13	76,095	55,080	243,135	648,360	891,495
14	77,616	57,744	289,033	706,104	995,137
15	79,169	57,744	340,113	763,848	1,103,961
16	80,752	60,408	396,695	824,256	1,220,951

(3)勞保老年年金給付試算

● 填入年齡60歲、平均投保薪資43,900元與年資30年，得到**20,414元**之年金給付金額。

▲ 老年年金給付

年齡： 60 歲 0 ▼ 個月

最高60個月之平均投保薪資： 43900 元

參加保險年資： 30 年又 0 ▼ 個月(保險年資滿15年以上，始可請領年金給付)

[試算]

＊＊＊

可請領老年年金給付(以下兩式擇優發給，請參考)：

第一式計算金額： 13077 元。

第二式計算金額： 20414 元。

※第一式：保險年資x平均月投保薪資x0.775%+3000元。

※第二式：保險年資x平均月投保薪資x1.55%。

※保險年資未滿1年者，依實際加保月數按比例計算。未滿30日者，以1個月計算。

1. 被保險人年齡滿60歲，且保險年資合計滿15年者，得請領老年年金給付。

2. 展延年金：被保險人符合請領老年年金給付條件而延後請領者，於請領時應發給展延年金給付，每延後1年，依計算之給付金額增給4%，最多

理財四分法：

佛陀曾教我們理財四分法：

一、四分之一奉養父母，

二、四分之一教育子女，

三、四分之一用於家庭，

四、四分之一投入社會公益事業。～～摘錄自證嚴法師靜思語

華倫‧巴菲特投資名言：

當別人貪婪的時候，我們要恐懼。

當別人恐懼的時候，我們要貪婪。

自我評量與解答

1. 保險法對於年金保險之定義？
   參考解答：
   (1)保險法第135條-1規定：「年金保險人於被保險人生存期間或特定期間內，依照契約負一次或分期給付一定金額之責。」
   (2)可知年金保險的定義，應以生存與否的保險事故，作為年金給付與否的標準，概念上年金保險可說是透過保險契約的方式提供客戶生存期間年金給付的商品。

2. 年金保險依照年金給付始期分類，可分為哪幾種？
   參考解答：
   年金保險依照年金給付始期分類，可分為即期年金保險與遞延年金保險。

3. 年金保險依照商品種類或給付單位為定額或變額分類，可分為哪幾種？
   參考解答：
   年金保險依照商品種類或給付單位為定額或變額分類，可以概分為傳統型年金保險、利率變動型年金保險與變額年金保險。

4. 傳統型年金保險的年金保單價值準備金如何累積？
   參考解答：
   (1)傳統型年金保險的商品預定利率、每期繳納的保費金額、年金保單價值準備金與未來年金給付金額，投保時都已經確定。
   (2)在考量商品預定利率、生存率與費用率等相關變數後，壽險公司預先精算出未來各年度之年金保單價值準備金數值。

5. 傳統還本型壽險的保單價值準備金如何累積？
   參考解答：
   (1)傳統壽險型年金的商品預定利率、每期繳納的保費金額、保單價值準備金與未來還本金額(生存保險金)，投保時都已經確定。
   (2)在考量商品預定利率、死亡率與費用率等相關變數後，壽險公司預先精算出未來各年度之保單價值準備金數值。

6. 利率變動型年金保險的年金保單價值準備金如何累積？
   參考解答：
   利率變動型年金保險之年金保單價值準備金主要透過宣告利率累積。

7. 變額年金保險的投資帳戶價值如何累積？
   參考解答：
   (1)變額年金保險為投資型保險的其中一種，概念上為年金給付結合共

同基金等投資標的之年金保險商品。

(2)變額年金保險主要透過分離帳戶連結之投資標的，累積投資帳戶價
值。

8. 傳統終身還本壽險與利率變動型年金之商品特質有何差異？

參考解答：

商品別	傳統終身還本壽險	利率變動型年金
保障	終身壽險保障	僅有年金給付並無壽險保障
功能	保障兼儲蓄 儲蓄理財功能較弱	儲蓄理財功能較強
商品複雜度	商品內容相對複雜 投保手續複雜	商品內容簡單 投保手續單純
主要保險事故	死亡	生存
累積保單價值準備金	預先精算出未來各年度 之保單價值準備金數值	主要依宣告利率累積保單價 值準備金
是否保本	前幾年解約將產生損失	通常1~3年後即可保本
繳別	主要為分期繳	主要為躉繳
費用揭露	未逐項揭露	逐項揭露

9. 請比較利率變動型年金保險與萬能保險之主要差異？

參考解答：

(1)利率變動型年金保險與萬能壽險皆透過宣告利率累積年金保單價值
準備金，主要差異為年金保險並無壽險身故保障而萬能壽險則有壽
險身故保障。

(2)其它差異：利率變動型年金保險的保戶較強調其儲蓄或退休規劃功
能；萬能壽險則強調其儲蓄及保障功能。因此宣告利率水準、保費
費用、解約費用與提領規範等特質皆存在差異。

10. 請比較變額萬能壽險商品與變額年金商品之主要差異？

參考解答：

(1)變額年金保險與變額萬能壽險皆為投資型保險商品，主要差異為
年金保險並無壽險身故保障而變額萬能壽險則有壽險身故保障。

(2)其它差異：選擇年金保險的保戶較強調其投資或退休規劃功能，
變額萬能壽險則強調其投資及保障功能。因此保費費用、解約費
用與連結標的等項目皆存在差異。

11. 依主管機關規範，變額年金保險允許連結哪些標的？

參考解答：

變額年金保險具有多元化連結標的選擇，連結標的包含共同基金、結

構型債券、國外債券、指數股票型基金(ETF)、全權委託投資帳戶或保證收益的貨幣帳戶等。

12. 去年台灣壽險市場之利率變動型年金保險初年度保費金額大約多少？變額年金保險保費金額大約多少？傳統型年金保險保費金額大約多少？

參考解答：

以100年度保費收入為例，列舉如下：

(1)利率變動型年金保險初年度保費：約1,230億。

(2)變額年金保險初年度保費：約500億。

(3)傳統型年金保險初年度保費：約0.1億。

13. 變額年金保險近年初年度保費呈現增加還是降低趨勢？

參考解答：

變額年金保險推出後，商品業績呈現增加趨勢，但金融海嘯後，變額年金保險業績受衝擊後呈現下滑趨勢。

14. 年金保險商品之保費收入，主要透過哪一個銷售通路販售？

參考解答：

近年台灣之年金保險商品業績，主要透過銀保通路銷售。

15. 台灣對於年金保險之所得稅課稅規定與稅惠，有何規範？

參考解答：

(1)保險費採列舉扣除額：目前台灣的所得稅法僅針對整體個人人身保險的保險費採列舉扣除額申報者，提供每人每年2.4萬台幣的扣除額，並未針對個人年金保險訂立專屬的年金保險保費列舉扣除額。

(2)年金保險給付：原則上一般民眾之年金保險給付或遞延期滿保險金不需要列入所得課徵所得稅；但依據所得稅基本稅額條例，針對要保人與受益人不同一人之年金保險給付或遞延期滿保險金加計特定所得項目，超過課稅門檻者(600萬)，仍須繳納所得稅。

16. 從美國近年個人年金保險與人壽保險初年度保費佔率觀察；年金保險的佔率約達多少？

參考解答：

依2010年數據，個人年金保險初年度保費對於個人保險(壽險與年金)保費佔率已高達近84%。

17. 從日本近年個人年金保險與人壽保險初年度保費佔率觀察；年金保險保費佔率約達多少？

參考解答：

依2010會計年度數據，日本個人年金保險保費佔率約佔個人保險初年

度保費的10%。

18.從近年中國大陸近年年金保險與人壽保險保費佔率觀察；年金保險的佔率約達多少？

　　參考解答：
　　(1)2010年中國大陸個人年金原保費收入近890億人民幣，險種部分主要為傳統分紅終身保險或兩全保險商品。
　　(2)2010年個人年金保險佔人壽保險保費的9.2%，可觀察到中國大陸年金保險的業務規模仍有限。

19.就美國近年利率變動型年金保險保費數據觀察，哪一種類型的年金保險商品銷售業績最佳？其次為哪一種？

　　參考解答：
　　指數連結年金(Equity Index Annuity, EIA)為主要商品；其次才是普通定額年金保險。

20.就美國近年年金保險保費數據觀察，變額年金保險銷售業績較高，還是利率變動型年金保險？二類型商品佔率各約多少？

　　參考解答：
　　(1)變額年金保險較受歡迎。
　　(2)變額年金保險的初年度保費佔率約5~7成中變化；相較之下定額年金保險的保費佔率則僅3~5成中變化。

21.近年中國大陸年金保險商品主要為哪一類型商品？

　　參考解答：
　　中國大陸的年金保險目前以壽險型年金為主，類似年年還本型態的兩全保險或終身壽險架構；依業績來說，主要為分紅壽險型年金保險保單為主。

22.中國大陸利率變動型年金保險商品目前的發展進度為何？未開放或已進入試點或已全面開放？

　　參考解答：
　　(1)中國保監會尚未頒佈利率變動型年金保險試點辦法。
　　(2)業者曾推出利率變動型年金保險，但已停售。

23.中國大陸變額年金保險商品於何時開始試點，目前業者主要推出的最低保證給付特色是哪一種？商品主要為躉繳還是分期繳？

　　參考解答：
　　(1)2011年5月5日中國保監會頒佈變額年金保險管理暫行辦法，讓中國大陸的變額年金保險進入試點階段。
　　(2)目前推出的商品主要為躉繳形式，主要保證給付特色包含GMAB與GMMB等特色。

24. 國民年金保險的月投保金額目前是多少？投保金額級距共有多少等級？

參考解答：

國民年金保險月投保金額只有一個投保金額，101年為17,280元。

25. 勞工保險的投保薪資最高等級是多少？最低等級是多少？

參考解答：

101年最低投保薪資為18,780元，最高投保薪資為43,900元；共區分20個投保薪資級距。

26. 民眾年齡達到幾歲或年資達多少年，就可以申請國民年金老年給付？

參考解答：

民眾年齡達到65歲，就可以申請國民年金老年給付。

27. 勞工年齡達到幾歲或年資達多少年，就可以申請勞保老年給付？

參考解答：

(1)勞工年齡達到60~65歲，就可以申請勞保老年給付。
(2)保險年資15年以上，請領月退休金。
(3)保險年資未滿15年，請領一次退休金。

28. 勞工年齡達到幾歲或年資達多少年，就可以申請勞工退休金老年給付？

參考解答：

(1)勞工年齡達到60歲，就可以申請勞工退休金給付。
(2)保險年資15年以上，請領月退休金。
(3)保險年資未滿15年，請領一次退休金。

29. 勞工退休金年金保險制目前實施進展與情形如何？遭遇哪些瓶頸？有何建議？

參考解答：

(1)台灣勞工退休金年金保險制公佈迄今已逾七年仍形同虛設，並無任何保險公司參與。
(2)主要原因包含壽險公司經營企業年金保險同樣必須保證平均收益率不低於二年期定期存款利率。其次年金保險制只開放員工數200人以上的大企業選擇。
(3)建議：
　　a. 放寬參與經營年金保險制的資格條件與各項限制
　　b. 年金保險制應包含更多給付彈性與範圍
　　c. 保戶應擁有更多投資儲蓄的決策權

30. 國民年金保險、勞工保險與勞工退休金同樣提供老年給付，給付項目重複，因此只需要投保其中一項即可？

參考解答：
(1)基於多層式老年經濟安全制度理念，各層的年金制度中各有不同的主軸與焦點，各層之間相輔相成。
(2)公營年金部分僅能提供民眾普遍且基本的退休養老生活保障，不足部分有賴企業年金制度與個人退休儲蓄之補足，以滿足民眾更高水準與更高層次的退休養老需求。
(3)若符合資格要求，勞工可同時請領國民年金保險、勞保年金與勞工退休金等老年年金給付。

31.黃小姐，勞保年金保險年資20年，投保金額皆為43,900。請問60歲起，每月可領取多少老年年金給付？

　參考解答：
　　每月可領取13,609元的老年年金給付。
　　A：43,900 × 0.775% × 20 ＋ 3,000＝9,804.5元
　　B：43,900 × 1.55% × 20＝13,609元

32.黃小姐，勞保投保薪資皆為43,900，預計延至65歲領取老年年金給付，預計年資為25年，請問65歲起每月可領取多少老年年金給付？

　參考解答：
　　若延後至65歲領取，每月可領取20,413元的老年年金給付。
　　A：43,900 × 0.775% × 25 ＋ 3,000＝11,506元
　　B：43,900 × 1.55% × 25＝17,011元
　　展延年金:17,011 × (1＋20%)＝20,413元

33.黃小姐，勞保投保薪資皆為43,900，預計提早至55歲領取老年年金給付，預計年資為15年，請問55歲起每月可領取多少老年年金給付？

　參考解答：
　　若提前至55歲領取，每月可領取8,166元的老年年金給付。
　　A：43,900 × 0.775% × 15 ＋ 3,000＝8,103元
　　B：43,900 × 1.55% × 15＝10,207元
　　展延年金:10,207 × (1-20%)＝8,166元

34.莫小姐，國民年金保險年資10年，投保金額皆為17,280，請問65歲起，每月可領取多少年金？

　參考解答：
　　每月可領取4,623元的老年年金給付。
　　A：17,280 × 0.65% × 10 ＋ 3,500＝4,623元
　　B：17,280 × 1.3% × 10＝2,246元

35.琳瑯滿目的儲蓄或投資商品，哪些商品比較適宜作為短期儲蓄？哪些商品則能提供終身保障兼顧儲蓄功能？哪些商品適合退休儲蓄規劃？

　參考解答：

民眾需先了解自身的理財目標與儲蓄或投資期間，才能選擇適宜的理財工具。就短中長期與終身儲蓄或投資工具說明如下：

(1)短期儲蓄(<1年)：活期存款、活期儲蓄存款、定期存款、定期儲蓄存款

(2)中期儲蓄(1年~3年)：定期儲蓄存款或定期存款

(3)中長期投資：共同基金

(4)中長期儲蓄：儲蓄保險、利率變動型年金。

(5)長期或終身儲蓄或投資：利率變動型年金或變額年金保險

(6)終身保障兼儲蓄：終身還本壽險與終身增額壽險

36.退休理財規劃的流程與步驟？

參考解答：

(1)檢視與建構基礎保障與日常開支規劃

(2)訂立與預估個人退休需求目標

(3)計算出預估的退休金缺口

(4)退休理財工具之挑選與配置

(5)定期檢視與調整退休理財計畫內容

37.如何利用利率變動型年金保險規劃退休或儲蓄？

參考解答：

(1)40歲以下的父母或初入社會青少年：可透過利率變動型遞延年金作小額定期儲蓄。

(2)41~60歲民眾：可透過利率變動型遞延年金保險規劃退休金儲蓄。

(3)年齡高於60歲：可透過投保利率變動型即期年金與利率變動型遞延年金，作為退休後生活所需資金來源。

38.如何利用變額年金保險規劃退休或儲蓄？

參考解答：

(1)40歲以下的父母或初入社會青少年：可透過分期繳變額遞延年金作小額定期投資。

(2)41~60歲民眾：可透過變額遞延年金保險規劃退休金。

(3)年齡高於60歲：可透過投保變額年金，作為退休後生活所需資金來源之一。

39.如何利用多元化理財商品，作好全方位理財規劃？

參考解答：

(1)民眾需先了解自身的理財目標與儲蓄或投資期間後，並透過績優的金融保險機構，選擇適宜的理財工具，以達成自身的理財目標。

(2)全方位理財規劃涵蓋開源節流。包含消費規劃、借貸規劃、保險規劃、儲蓄規劃、投資規劃、節稅規劃與遺產規劃等各項規劃。基本上消費規劃、借貸規劃與保險規劃為理財規劃的基礎。基礎規劃妥當後，方能在良好的基礎上建構儲蓄或投資或節稅、遺產

等相關規劃。

40.如何利用網路試算退休金缺口？

參考解答：

民眾可透過人壽保險同業公會、證券投資信託暨顧問公會、勞委會或勞保局網站，網上填入相關數據後，即可試算出自身的退休金缺口。

參考文獻

1. 小林修，日本壽險商品發展的趨勢，台灣：壽險季刊，人壽保險商業同業公會，2003年

2. 中國保險監督管理委員會網站，保險法令之法規條文，網址：http://www.circ.gov.cn，搜尋日期：2012年2月1日

3. 中國保險監督管理委員會，中國保險年鑑.2008~2009年各人身保險會員公司業務統計表，2009~2010年

4. 中國保險監督管理委員會網站，保險法令與人身保險產品基礎知識問答手冊，網址：http://www.circ.gov.cn，搜尋日期: 2010年5月1日

5. 中國保險監督管理委員會網站，保險業經營情況，網址：http://www.circ.gov.cn，搜尋日期：2011年5月1日

6. 中國太平洋安泰人壽，金盛人壽，中美聯泰大都會人壽，華泰人壽，國壽，平安，泰康等壽險公司網站商品條款與資訊

7. 中國國家統計局，2011年國民經濟和社會發展統計公報，2012年

8. 日本生命保險協會，歷年日本人壽保險業統計年報，2002~2011年

9. 國泰人壽，富邦人壽，新光人壽，中國人壽，安聯人壽，法國巴黎人壽等壽險公司網站商品條款與資訊

10. 人壽保險商業同業公會與保險事業發展中心，近年人壽保險業概況與近年保費數據與法令資訊，1995~2010年

11. 人壽保險商業同業公會，人身保險業務員資格測驗統一教材，臺北：自行出版，2010年：72~73

12. 金管會保險局，保險申訴案件統計，2007~2010年

13. 方明川，個人年金保險新論，台灣：作者自行出版，1995年：15~20, 41~75

14. 方明川，商業年金保險概論，台灣：作者自印，2011年3月：42~98

15. 方明川，商業年金保險與退休金計畫，台灣：華泰書局，2006年：88, 89, 113, 171, 139 & 146~163& 316~333

16. 方明川，股價指數年金保險概論，台灣：作者自印，2009年8月：120~131

17. 王儷玲、黃泓智、吳家懷，因應老齡化社會保險商品發展及其監理與相關稅賦配套之研究，2006年12月：14~142

18. 朱銘來、廖勇誠、王碧波等，人身保險經營實務與研究，台灣：白象文化，2011年11月：162~165

19. 鄭秉文主編，2011中國養老金發展報告，北京：經濟管理出版社，2011年12月：82~85

20. 陳淑娟，日本財團法人國際保險振興會商品發展戰略研討，台灣：壽險管理，人壽保險管理學會，2010年

21. 趙文青，新型壽險產品之國際比較與借鑒：[碩士學位論文，天津：南開大學，2008年：16-19

22. 胡曉方，結構型債券之現況分析，台灣：保險事業發展中心，2008年

23. 勞保局與勞工退休基金監理會網站年金保險與退休數據與資訊

24. 證券投資信託暨顧問商業同業公會網站退休金試算資訊

25. 廖勇誠，變額年金保險與共同基金之比較分析：[碩士學位論文]，台灣：逢甲大學保險學研究所，1997年：18~21 & 第二章

26. 廖勇誠，所得稅法保險費列舉扣除額之法規沿革與合理扣除額水準之研究與建議，壽險管理，台灣：人壽保險管理學會，2012年

27. 廖勇誠，中國大陸投資型保險身故保障與附加費用之行政命令研究與建議，壽險管理，台灣：人壽保險管理學會，2010年

28. 廖勇誠，利率變動型年金保險運用於中國農村居民退休規劃之研究與建議，壽險管理，台灣：人壽保險管理學會，2011年

29. 廖勇誠，台灣、新加坡與中國大陸企業年金之概況研究暨對於台灣企業年金制度之建議，壽險管理，台灣：人壽保險管理學會，2010年

30. 廖勇誠，個人年金保險發展的宏觀經濟影響因素分析—台灣地區經驗暨對於中國大陸之借鑑：[博士學位論文]，天津南開大學，2012年6月

31. America Council of Life insurers. Life insurance fact book, 2011

32. Association of British Insurers.UK insurance key facts & Funds held in Life and Pension Products , 2010

33. Allianz Global Investors. Pension funds and the financial crisis. International Pension Issues, 2009

34. Hallman & Jerry. Personal Financial Planning. Ch.7&Ch10.

35. Harvey W. Rubin. Dictionary of Insurance Terms. Fourth Edition: 303

36. Insurance information institute.annuity insurance sales reports, http://www.iii.org，2012

37. Insured Retirement Institute. Industry Wide Annuity Sales Continue Double Digit Climb, 2011

38. Mary C. Bickley, J.D., Ernest L. Martin. Marketing, Distribution and Uses of annuities. Life Office Management Association, Inc., 2000: 141~144

39. Swiss Re. Unit-linked life insurance in Western Europe: regaining momentum. Sigma, 2003: 3

附錄一：利率變動型年金保險單示範條款摘錄（乙型）

利率變動型年金保險單示範條款摘錄（乙型）

保險契約的構成
第一條

本保險單條款、附著之要保書、批註及其他約定書，均為本保險契約（以下簡稱本契約）的構成部分。

本契約的解釋，應探求契約當事人的真意，不得拘泥於所用的文字；如有疑義時，以作有利於被保險人的解釋為原則。

名詞定義
第二條

本契約所稱「保證期間」係指依本契約約定，不論被保險人生存與否，本公司保證給付年金之期間。

本契約所稱「年金金額」係指依本契約約定之條件及期間，本公司分期給付之金額。

本契約所稱「未支領之年金餘額」係指被保險人於本契約年金保證期間內尚未領取之年金金額。

本契約所稱「宣告利率」係指本公司於本契約生效日或各保單週年日當月宣告並用以計算該年度年金保單價值準備金之利率，該利率本公司將參考○○○訂定之，且不得為負數。

本契約所稱「預定利率」係指本公司於年金給付開始日用以計算年金金額之利率。

保險公司應負責任的開始
第三條

本公司應自同意承保且收取第一期保險費後負保險責任，並應發給保險單作為承保的憑證。

本公司如於同意承保前，預收相當於第一期保險費之金額時，其應負之保險責

任，以同意承保時溯自預收相當於第一期保險費金額時開始。但本公司同意承保前而被保險人身故時，本公司無息退還要保人所繳保險費。

本公司自預收相當於第一期保險費之金額後十五日內不為同意承保與否之意思表示者，視為同意承保。

契約撤銷權

第四條

要保人於保險單送達的翌日起算十日內，得以書面檢同保險單向本公司撤銷本契約。

要保人依前項規定行使本契約撤銷權者，撤銷的效力應自要保人書面之意思表示到達翌日零時起生效，本契約自始無效，本公司應無息退還要保人所繳保險費。

保險費的交付

第五條

本契約之保險費，應照約定方式，向本公司所在地或指定地點交付，或由本公司派員前往收取，並交付本公司開發之憑證。

年金保單價值準備金的通知與計算

第六條

年金給付開始日前，本公司於本契約每一保單年度末，應依約定方式通知要保人其年金保單價值準備金。

前項年金保單價值準備金係指依下列順序計算所得之金額：

第一保單年度：

一、已繳保險費扣除附加費用（如附表）。

二、扣除要保人依第十條申請減少之金額。

三、每日依前二款之淨額加計按宣告利率以單利法計算之金額。

第二保單年度及以後：

一、保單年度初之年金保單價值準備金與當年度已繳保險費扣除附加費用（如附表）後之和。

二、扣除要保人依第十條申請減少之金額。

三、每日依前二款之淨額加計按宣告利率以單利法計算之金額。

年金給付的開始

第七條

要保人投保時可選擇於第○保單週年日屆滿後之一特定日做為年金給付開始日，但不得超過保險年齡達○○歲之保單週年日；要保人不做給付開始日的選擇時，本公司以被保險人保險年齡達○○歲之保單週年日做為年金給付開始日。

要保人亦得於年金給付開始日的○○日前以書面通知本公司變更年金給付開始日；變更後的年金給付開始日須在申請日○○日之後，且須符合前項給付日之規定。

本公司應於年金給付開始日的○○日前通知要保人年金給付內容。

年金金額的計算

第八條

在年金給付開始日時，其給付期間第一年度可以領取之年金金額係以當時之年金保單價值準備金（如有保險單借款應扣除保險單借款及其應付利息後），依據當時預定利率及年金生命表計算。

給付期間第二年度開始每年可領取之年金金額係以前一年度可領取之年金金額乘以當年度「調整係數」而得之。

第二項所稱「調整係數」等於（１＋前一年金給付週年日當月宣告利率）除以（１＋預定利率）；本公司於每年年金給付週年日，以約定方式通知當年度之調整係數。

第一項及第三項之預定利率於年金給付開始日起維持不變。

年金給付開始日計算領取之年金金額若低於新台幣○○元時，本公司改依年金保單價值準備金於年金給付開始日一次給付受益人，本契約即行終止。

如年金給付開始日的年金保單價值準備金已逾年領年金給付金額新台幣○○元所需之年金保單價值準備金，其超出的部份之年金保單價值準備金返還予要保人。

契約的終止及其限制

第九條

要保人得於年金給付開始日前終止本契約，本公司應於接到通知後一個月內償付解約金，逾期本公司應按年利一分加計利息給付。

前項解約金為年金保單價值準備金扣除解約費用，其歷年解約費用率如附表。

第一項契約的終止，自本公司收到要保人書面通知時，開始生效，終止日當日之利息需計算於年金保單價值準備金內。

年金給付期間，要保人不得終止本契約。

年金保單價值準備金的減少

第十條

年金給付開始日前，要保人得申請減少其年金保單價值準備金，每次減少之年金保單價值準備金不得低於新台幣○○元且減額後的年金保單價值準備金不得低於新台幣○○元。

前項減少部分之年金保單價值準備金，視為契約之部分終止，其解約金計算，依第九條第二項規定辦理。

被保險人身故的通知與返還年金保單價值準備金

第十一條

被保險人身故後，要保人或受益人應於知悉被保險人發生身故後通知本公司。

被保險人之身故若發生於年金給付開始日前者，本公司將返還年金保單價值準備金，本契約即行終止。

被保險人之身故若發生於年金給付開始日後者，如仍有未支領之年金餘額，本公司應將其未支領之年金餘額依約定給付予身故受益人或其他應得之人。

失蹤處理

第十二條

被保險人在本契約有效期間內年金開始給付日前失蹤，且法院宣告死亡判決內所確定死亡時日在年金開始給付前者，本公司依本契約第十一條規定返還年金

保單價值準備金；但日後發現被保險人生還時，得將本公司所返還年金保單價值準備金歸還本公司，使本契約繼續有效。本公司自前揭確定死亡時日起至要保人歸還年金保單價值準備金之日止，不計付利息。

被保險人在本契約有效期間內且年金開始給付後失蹤者，除有未支領之保證期間之年金餘額外，本公司根據法院宣告死亡判決內所確定死亡時日為準，不再負給付年金責任；但於日後發現被保險人生還時，本公司應依契約約定繼續給付年金，並補足其間未付年金。

前項情形，於被保險人在本契約有效期間內年金給付開始日前失蹤，且法院宣告死亡判決內所確定死亡時日在年金開始給付後者，亦適用之。

返還年金保單價值準備金的申請

第十三條

要保人依第十一條或第十二條之規定申請「年金保單價值準備金」時，應檢具下列文件：

一、保險單或其謄本。

二、被保險人死亡證明文件及除戶戶籍謄本。

三、申請書。

四、要保人的身分證明。

本公司應於收齊前項文件後十五日內給付之。但因可歸責於本公司之事由致未在前開期限內為給付者，應給付遲延利息年利一分。

年金的申領

第十四條

被保險人於年金給付開始日後生存期間每年第一次申領年金給付時，應提出可資證明被保險人生存之文件。但於保證期間內不在此限。

被保險人身故後仍有未支領之年金餘額時，受益人申領年金給付應檢具下列文件：

一、保險單或其謄本。

二、被保險人死亡證明文件及除戶戶籍謄本。

三、受益人的身分證明。

因可歸責於本公司之事由致逾應給付日未給付時，應給付遲延利息年利一分。

未還款項的扣除

第十五條

年金開始給付前，本公司給付解約金或返還年金保單價值準備金時，應先扣除本契約保險單借款及其應付利息。

年金給付開始時，依第八條規定辦理。

保險單借款、契約效力的停止及恢復

第十六條

年金開始給付前，要保人得向本公司申請保險單借款，其可借金額上限為借款當日年金保單價值準備金之○○％，未償還之借款本息，超過其年金保單價值準備金，本契約效力即行停止。但本公司應於效力停止日之三十日前以書面通知要保人。

本公司未依前項規定為通知時，於本公司以書面通知要保人返還借款本息之日起三十日內要保人未返還者，保險契約之效力自該三十日之次日起停止。

本契約停止效力後，要保人得在停效日起○○年內（不得低於二年），申請復效，並不得遲於年金給付開始日。要保人屆期仍未申請復效者，本契約效力即行終止。

前項復效申請，經要保人清償保險單借款本息後，自翌日上午零時起，開始恢復其效力。

要保人清償保險單借款本息，其未償餘額合計不得逾依第一項約定之保險單借款可借金額上限。

年金給付期間，要保人不得以保險契約為質，向本公司借款。

年齡的計算及錯誤的處理

第十七條

要保人在申請投保時，應將被保險人出生年月日在要保書填明。被保險人的投保年齡，以足歲計算，但未滿一歲的零數超過六個月者，加算一歲。

被保險人的投保年齡發生錯誤時，依下列規定辦理：

一、真實投保年齡高於○歲者，本契約無效，本公司應將已繳保險費無息退還
　　要保人，如有已給付年金者，受益人應將其無息退還本公司。

二、因投保年齡錯誤，而致本公司短發年金金額者，本公司應計算實付年金金
　　額與應付年金金額的差額，於下次年金給付時按應付年金金額給付，並一
　　次補足過去實付年金金額與應付年金金額的差額。

三、因投保年齡錯誤，而溢發年金金額者，本公司應重新計算實付年金金額與
　　應付年金金額的差額，並於未來年金給付時扣除。

前項第一、二款情形，其錯誤原因歸責於本公司者，應加計利息退還，其利息
按○○利率計算（不得低於本保單辦理保單借款之利率與民法第二百零三條法
定週年利率兩者取其大之值）。

受益人的指定及變更

第十八條

本契約受益人於被保險人生存期間為被保險人本人，本公司不受理其指定或變
更。

除前項約定外，要保人得依下列規定指定或變更受益人：

一、於訂立本契約時，得經被保險人同意指定身故受益人，如未指定者，以被
　　保險人之法定繼承人為本契約身故受益人。

二、除聲明放棄處分權者外，於保險事故發生前得經被保險人同意變更身故受
　　益人，如要保人未將前述變更通知本公司者，不得對抗本公司。

前項身故受益人的變更，於要保人檢具申請書及被保險人的同意書送達本公司
時，本公司即予批註或發給批註書。

第二項之身故受益人同時或先於被保險人本人身故，除要保人已另行指定外，
以被保險人之法定繼承人為本契約身故受益人。

本契約如未指定身故受益人，而以被保險人之法定繼承人為本契約身故受益人
者，其受益順序適用民法第一千一百三十八條規定，其受益比例除契約另有約
定外，適用民法第一千一百四十四條規定。

變更住所

第十九條

要保人的住所有變更時，應即以書面通知本公司。

要保人不為前項通知者，本公司之各項通知，得以本契約所載要保人之最後住所發送之。

時效

第二十條

由本契約所生的權利，自得為請求之日起，經過兩年不行使而消滅。

批註

第二十一條

本契約內容的變更，或記載事項的增刪，除第十八條規定者外，應經要保人與本公司雙方書面同意，並由本公司即予批註或發給批註書。

管轄法院

第二十二條

因本契約涉訟者，同意以要保人住所地地方法院為第一審管轄法院，要保人的住所在中華民國境外時，以○○地方法院為第一審管轄法院。但不得排除消費者保護法第四十七條及民事訴訟法第四百三十六條之九小額訴訟管轄法院之適用。

保單紅利的計算及給付

（如本保險為分紅保單者，本條由各公司自行擬定。如本保險為不分紅保單者應載明「本保險為不分紅保險單，不參加紅利分配，並無紅利給付項目」。）

附表

項目	內容
附加費用	0.5%
解約費用率	前3個保單年度分別為：2% / 1.5% / 0.5%

附錄二：變額年金保險保險單條款範例摘錄

XFY公司變額年金保險保險單條款範例摘錄

保險契約的構成

第一條

本保險單條款、附著之要保書、批註及其他約定書,均為本保險契約(以下簡稱本契約)的構成部分。本契約的解釋,應探求契約當事人的真意,不得拘泥於所用的文字;如有疑義時,以作有利於被保險人的解釋為原則。

名詞定義

第二條

一、本契約所稱「保證期間」係指依本契約約定,不論被保險人生存與否,本公司保證給付年金之期間。本契約「保證期間」可選擇十五年或二十年。

二、本契約所稱「年金金額」係指依本契約約定之條件及期間,本公司分期給付之金額。

三、本契約所稱「年金給付開始日」,係指本公司開始給付年金之日期。

四、本契約所稱「遞延期間」,係指本契約生效日至年金給付開始日前一日之期間,該期間不得低於七年。

五、本契約所稱「未支領之年金餘額」係指被保險人於本契約年金保證期間內尚未領取之年金金額。

六、本契約所稱「年金宣告利率」係指本公司於本契約年金給付期間內各年金給付週年日當月宣告並用以計算第十三條調整係數之利率,該利率將參考本公司相關資產配置計劃之投資報酬率、市場利率水準及本公司合理利潤率訂定之,且不得為負數。

七、本契約所稱「年金預定利率」係指本公司於年金給付開始日用以計算年金金額之利率,該利率不得高於年金給付開始日當月之年金宣告利率,且不得為負數。

八、本契約所稱「保險年齡」係指按投保時被保險人以足歲計算之年齡,但未滿一歲的零數超過六個月者加算一歲,以後每經過一個保險單年度加算一

歲。

九、本契約所稱「保險費」係指本保險單所載明之保險費。

十、本契約所稱「保單管理費用」係指本契約運作所產生之費用,本公司於遞延期間每月收取金額如下,年金給付開始日後不再收取本項費用:

(一)第一至第七保單年度每月以保單帳戶價值的百分之零點零六加計新台幣捌拾元計算。

(二)第八保單年度起每月以新台幣捌拾元計算。

十一、本契約所稱「解約費用」係指本公司於要保人申請契約終止或部分終止時所收取之費用。解約費用之計算方式如附表一「相關費用明細表」中「解約費用」。

十二、本契約所稱「投資標的」係指本公司提供要保人配置保險費以累積保單帳戶價值之投資工具,其選項如附表二。

十三、本契約所稱「評價日」係指投資標的之市場報價日或掛牌證券交易所之營業日,且必須為中華民國境內銀行之營業日;若投資標的為境外基金,除前述約定外,且須為境外基金總代理人之營業日。

十四、本契約所稱「投資標的單位淨值」係指由投資機構提供,用以計算投資標的單位數或投資標的價值之價格,包含下列兩者:

(一)賣出價:係指買入或轉入投資標的時,用以計算投資標的單位數之價格。該價格係以該投資標的於評價日時之淨資產價值除以已發行在外投資單位總數計算所得之值。

前述淨資產價值等於該投資標的之總資產價值扣除總負債。

前述總負債包含應付取得或處分該投資標的資產之直接成本及必要費用、稅捐、經理費、保管費或其他法定費用、管理營運費用。

投資標的之可分配收益亦被視為投資標的總資產之一部份。

(二)買入價:係指贖回、轉出投資標的或計算保單帳戶價值時,用以計算投資標的價值之價格。該價格係以賣出價扣除贖回費用後所得之值。

十五、本契約所稱「保單帳戶」係指本契約生效時,本公司為本契約要保人所設立之獨立專屬帳戶,記錄本契約保險費所投資之標的及保單帳戶價值之變動情形。

十六、本契約所稱「保單帳戶價值」係指本契約項下保單帳戶所有投資標的價

值的總數。

投資標的價值係依下列方式計算：

(一)有單位淨值之投資標的：

指該投資標的單位淨值乘以該投資標的的單位數目計算而得。

(二)無單位淨值之投資標的：係依下列方式計算：

1.前一日之投資標的價值。

2.加上當日投入之金額。

3.扣除當日減少之金額。

4.加上當日之收益給付。

前述所稱收益給付係指按前一日之投資標的價值，依該投資標的之宣告利率按日計算之數額，用以計入當日該投資標的之價值。

十七、本契約所稱「契約撤銷期間」係指保險單送達的翌日起算十日內。

十八、本契約所稱「評價時點」係指投資標的辦理買入、贖回、轉出及轉入時，計算該投資標的價值之評價日。各投資標的之評價時點，詳附表三「評價時點一覽表」。

十九、本契約所稱「保單週月日」係指本契約生效起每月與本契約生效日相當之日，無相當日者，指該月之末日。

二十、本契約所稱「三指定銀行」，係指台灣銀行股份有限公司、第一商業銀行股份有限公司及合作金庫銀行股份有限公司。

貨幣單位與匯率計算

第三條

本契約保險費之收取及解約金（含部分終止）、返還保單帳戶價值、遞延期滿保險金、年金之給付與保單管理費用之收取，均以新台幣為貨幣單位。

本契約運作有幣別轉換情形時，匯率計算方式約定如下：

一、保險費及其加計利息之投入：

本公司以契約撤銷期間屆滿日翌日為基準日，依附表三「買入評價時點」當日匯率參考機構就投資標的計價幣別之收盤即期匯率賣出價格計算。

二、終止、部分終止及返還保單帳戶價值：

本公司以受理終止、部分終止及返還保單帳戶價值申請之日為基準日，依

附表三「贖回評價時點」當日匯率參考機構就投資標的計價幣別之收盤即期匯率買入價格計算。

三、遞延期滿保險金之給付及年金金額的計算：

本公司以遞延期間屆滿日為基準日，依附表三「贖回評價時點」當日匯率參考機構就投資標的計價幣別之收盤即期匯率買入價格計算。

四、保單管理費用之扣除：

本公司以第九條每保單週月日為基準日，依附表三「贖回評價時點」當日匯率參考機構就投資標的計價幣別之收盤即期匯率買入價格計算。

五、投資標的之轉換：

(一)投資標的的轉出，本公司以受理要保人書面申請之日為基準日，依附表三「轉出評價時點」當日匯率參考機構之投資標的計價幣別就收盤即期匯率買入價格計算。

(二)投資標的的轉入，本公司實際取得所有轉出投資標的價值後，依附表三「轉入評價時點」當日匯率參考機構就投資標的計價幣別之收盤即期匯率賣出價格計算。

前項之匯率參考機構係指美商花旗銀行台北分行，但本公司經主管機關同意後，可變更上述匯率參考機構並通知要保人。

保險公司應負責任的開始

第四條

本公司應自同意承保且收取保險費後負保險責任，並應發給保險單作為承保的憑證。保險費繳交之金額不得超過本公司規定之上、下限範圍。

本公司如於同意承保前，預收相當於保險費之金額時，其應負之保險責任，以同意承保時溯自預收相當於保險費金額時開始。但本公司同意承保前而被保險人身故時，本公司無息退還要保人所繳保險費。

本公司自預收相當於保險費之金額後十五日內不為同意承保與否之意思表示者，視為同意承保。

契約撤銷權

第五條

要保人於保險單送達的翌日起算十日內,得以書面檢同保險單向本公司撤銷本契約。

要保人依前項規定行使本契約撤銷權者,撤銷的效力應自要保人書面之意思表示到達翌日零時起生效,本契約自始無效,本公司應無息退還要保人所繳保險費。

保險費的運作

第六條

本公司於要保人交付保險費後,將自繳費日起按契約生效日當月三指定銀行第一個營業日牌告活期存款年利率之平均值逐日單利計息,並以契約撤銷期間屆滿日翌日為基準日,於附表三「買入評價時點」將本利和按要保人就本公司提供之投資標的所設定保險費之配置比例為投資,並置於本契約項下的保單帳戶中。

要保人所設定配置保險費所設定投資之投資標的不得超過十支,且每一投資標的之配置比例須為百分之五的倍數。

投資標的轉換

第七條

要保人於本契約有效之遞延期間內,經本公司同意,得申請將投資於某一投資標的之金額轉移至其他可供保險費配置的投資標的。

前項投資標的之轉換,應按下列方式處理:

一、要保人應指明欲轉移的投資標的及轉移金額並指定欲轉入之投資標的。前述指定轉入之投資標的不得超過十支,且欲轉入投資標的之配置比例須為百分之五的倍數。

二、本公司以受理要保人申請之日為基準日,依附表三「轉出評價時點」計算轉出投資標的價值,並於本公司實際取得所有轉出投資標的價值之日,將轉出投資標的價值之總和,於附表三「轉入評價時點」投資於要保人指定之投資標的。

投資標的的新增與終止

第八條

經主管機關核准,本公司得提供新的投資標的供要保人作為保險費配置或投資標的轉換的選擇。

經主管機關核准,本公司得停止或暫時停止提供某一投資標的予要保人作為保險費配置或投資標的轉換的選擇,本公司並應於三十日前以書面通知要保人。惟若係因投資標的發行公司通知停止或暫時停止投資者,本公司將於收到其書面通知後儘速以書面通知要保人。

如投資標的發行公司通知某一投資標的因解散、清算或其他原因終止者,本公司將於收到其書面通知後儘速以書面通知要保人。

有第三項情形發生時,要保人應於指定之期限內向本公司申請轉換投資標的或部分終止。如要保人於投資標的終止之七個工作日前仍未通知本公司,則本公司將於投資標的終止日,將該投資標的結算後之價值置於新台幣貨幣帳戶。但若本公司收到通知至投資標的終止日不足三十工作日,本公司將逕自於投資標的終止日,將該投資標的結算後之價值置於新台幣貨幣帳戶。若終止之投資標的為外幣計價,其結算後之價值將以投資標的終止日匯率參考機構就投資標的計價幣別之收盤即期匯率買入價格換算新台幣後,再置於新台幣貨幣帳戶。

本契約關於投資標的全部條款適用於新投資標的。

保單管理費用的收取方式

第九條

本公司於遞延期間內,且本契約仍有效時,於每保單週月日計算保單帳戶之保單管理費用,並以保單週月日為基準日,於附表三「贖回評價時點」由保單帳戶中扣除。其投資標的依計算本契約保單管理費用當時保單帳戶中各投資標的價值之比例扣除之。

保單帳戶價值的通知

第十條

年金給付開始日前且本契約仍有效時,本公司每季以書面或約定方式通知要保人其保單帳戶價值。

遞延期滿之選擇

第十一條

要保人得於遞延期間屆滿前,選擇於年金給付開始時由受益人一次領取遞延期滿保險金。前述保險金之金額係以遞延期間屆滿日為基準日,依附表三「贖回評價時點」之投資標的價值計算之保單帳戶價值。而本公司應於遞延期間屆滿日前四十五日,主動以書面通知要保人該選擇方式。若本公司於遞延期間屆滿時仍未接獲要保人之書面通知,則將按本契約約定給付年金。

要保人若選擇由受益人一次領取遞延期滿保險金時,本契約於本公司給付遞延期滿保險金後即行終止。

年金給付的開始

第十二條

要保人投保時得約定年金給付開始日,且年金給付開始日不得早於本契約第七保單週年日。要保人選擇之年金給付開始日不得超過被保險人保險年齡達八十歲之保單週年日;要保人不做給付開始日的選擇時,本公司以被保險人保險年齡達七十歲之保單週年日做為年金給付開始日。

要保人亦得於年金給付開始日的三十日前以書面通知本公司變更年金給付開始日;變更後的年金給付開始日須在申請日三十日之後,且須符合前項給付日之規定。

本公司應於年金給付開始日的四十五日前通知要保人年金給付內容。

被保險人於年金給付開始日及其後每一年金給付週年日生存者,本公司應給付年金金額。

年金金額的計算

第十三條

在年金給付開始日時,其給付期間第一年度可以領取之年金金額係以遞延期間屆滿日為基準日,按附表三「贖回評價時點」之投資標的價值計算之保單帳戶價值後,再依據當時年金預定利率及年金生命表計算之。

給付期間第二年度開始每年可領取之年金金額係以前一年度可領取之年金金額乘以當年度「調整係數」而得之。

第二項所稱「調整係數」等於（1＋前一年金給付週年日當月年金宣告利率）除以（1＋年金預定利率）；本公司於每年年金給付週年日，以約定方式通知當年度之調整係數。

第一項及第三項之年金預定利率於年金給付開始日起維持不變。

年金給付開始日計算領取之年領年金金額若低於新台幣三萬元時，本公司改依保單帳戶價值於年金給付開始日一次給付受益人，本契約即行終止。

如年金給付開始日的保單帳戶價值已逾年領年金給付金額新台幣一百二十萬元所需之保單帳戶價值，其超出的部份之保單帳戶價值返還予要保人。

契約的終止及其限制

第十四條

本契約之年金給付最高至被保險人保險年齡達一百一十一歲之年金給付週年日之前一日午夜十二時止。年金給付期間屆滿時，本契約效力即行終止。

要保人得於年金給付開始日前終止本契約，本公司應於接到通知之日起算一個月內償付解約金，逾期本公司應按年利一分加計利息給付。但逾期事由可歸責於要保人者，本公司得不負擔利息。

前項解約金係以本公司受理要保人終止契約之申請之日為基準日，依附表三「贖回評價時點」之投資標的價值計算之本契約項下的保單帳戶價值，再扣除解約費用之金額，其解約費用之計算方式如附表一「相關費用明細表」中「解約費用」。

本契約的終止自本公司收到要保人書面通知開始生效。

年金給付期間，要保人不得終止本契約。

保單帳戶價值的部分終止

第十五條

年金給付開始日前，要保人得申請減少其保單帳戶價值，每次減少之保單帳戶價值不得低於新台幣五千元且減額後的保單帳戶價值不得低於新台幣一萬五千元。但因第八條第三項之情事而部分終止者不在此限。

要保人進行部分終止，按下列方式處理：

一、要保人應指明部分終止的投資標的及保單帳戶價值。

二、部分終止的保單帳戶價值將以本公司受理日為基準日，於附表三「贖回評價時點」從要保人保單帳戶中扣除。

三、本公司將於接獲要保人申請後十個工作日內，支付部分終止金額扣除解約費用後之餘額。解約費用之計算方式如附表一「相關費用明細表」中「解約費用」。逾期本公司應按年利一分加計利息給付。但逾期事由可歸責於要保人者，本公司得不負擔利息。

被保險人身故的通知與返還保單帳戶價值的申請時間

第十六條

被保險人身故後，要保人或受益人應於知悉被保險人發生身故後通知本公司。

被保險人之身故若發生於年金給付開始日前者，本公司將以檢齊申請文件並送達本公司之日為基準日，依附表三「贖回評價時點」之投資標的價值計算保單帳戶價值並返還予要保人後，本契約即行終止。

被保險人之身故若發生於年金給付開始日後者，如仍有未支領之年金餘額，本公司應將其未支領之年金餘額依約定給付予身故受益人或其他應得之人。

失蹤處理

第十七條

被保險人在本契約有效期間內年金開始給付日前失蹤，且法院宣告死亡判決內所確定死亡時日在年金開始給付前者，本公司根據判決內所確定死亡時日為準，依本契約第十六條規定返還保單帳戶價值，本契約項下之保單帳戶即為結清，本契約效力即行終止；如要保人或受益人能提出證明文件，足以認為被保險人極可能因意外傷害事故而死亡者，本公司應依意外傷害事故發生日為準，依本契約第十六條規定返還保單帳戶價值，本契約項下之保單帳戶即為結清，本契約效力即行終止。

本公司依前項約定返還保單帳戶價值後，本契約效力即行終止，若日後發現被保險人生還時，本契約終止之效力不受影響。

被保險人在本契約有效期間內且年金開始給付後失蹤者，除有未支領之保證期間之年金餘額外，本公司根據法院宣告死亡判決內所確定死亡時日為準，不再負給付年金責任；但於日後發現被保險人生還時，本公司應依契約約定繼續給

付年金，並補足其間未付年金。

前項情形，於被保險人在本契約有效期間內年金給付開始日前失蹤，且法院宣告死亡判決內所確定死亡時日在年金開始給付後者，亦適用之。

返還保單帳戶價值的申領

第十八條

要保人依第十六條及第十七條之規定申請返還保單帳戶價值時應檢具下列文件：

一、保險單或其謄本。

二、被保險人死亡證明文件及除戶戶籍謄本。

三、申請書。

四、要保人的身分證明。

本公司應於收齊前項文件後十五日內給付之。但因可歸責於本公司之事由致未在前開期限內為給付者，應給付遲延利息年利一分。

遞延期滿保險金的申領

第十九條

受益人申請「遞延期滿保險金」時，應檢具下列文件：

一、保險單或其謄本。

二、申請書。

三、受益人的身分證明。

本公司應於收齊前項文件後十五日內給付之。但因可歸責於本公司之事由致未在前開期限內為給付者，應給付遲延利息年利一分。

年金的申領

第二十條

被保險人於年金給付開始日後生存期間每年第一次申領年金給付時，應提出可資證明被保險人生存之文件，但於保證期間內不在此限。

被保險人若於保證期間內身故，如仍有未支領之年金餘額，身故受益人得申請提前給付，本公司將依其最近一次已支領之年金金額計算年金餘額現值，其計

算之貼現率為年金預定利率。

被保險人身故後仍有未支領之年金餘額時，受益人申領年金給付應檢具下列文件：

一、保險單或其謄本。

二、被保險人死亡證明文件及除戶戶籍謄本。

三、受益人的身分證明。

本公司依第一項及第三項給付時，應於收齊文件後十五日內給付之，但因可歸責於本公司之事由致逾應給付日未給付時，應給付遲延利息年利一分。

受益人之受益權

第二十一條

受益人故意致被保險人於死或雖未致死者，喪失其受益權。

前項情形，如因該受益人喪失受益權，而致無受益人受領未支領之年金餘額時，其未支領之年金餘額作為被保險人遺產。如有其他受益人者，喪失受益權之受益人原應得之部份，按其他受益人原約定比例分歸其他受益人。

保險單借款

第二十二條

年金開始給付前，要保人得在本契約有效期間，向本公司申請保險單借款。本契約保險單借款金額上限以要保人申辦保險單借款當時保單帳戶價值之百分之二十為限。

年金給付期間，要保人不得以保險契約為質，向本公司借款。

特殊情事之評價

第二十三條

本公司任一投資標的於評價日時，如遇該投資標的之規定而暫停計算投資標的單位淨值之特殊情事時，該投資標的之投資標的單位淨值依下列規定辦理：

一、要保人於投保時：如自行設定之配置比例包含暫停計算單位淨值之投資標的，則本公司應即通知要保人延緩計算投資單位數；並於該暫停計算投資標的單位淨值之特殊情事消滅後，本公司應即依次一評價日該投資標的單

位淨值換算投資單位數。

二、要保人申請契約終止、部分終止或給付遞延期滿保險金時：如保單帳戶或部分終止包含暫停計算單位淨值之投資標的，本公司得不給付利息，但須通知要保人延緩給付全部、部分保單帳戶價值或遞延期滿保險金；並於該暫停計算投資標的單位淨值之特殊情事消滅後，本公司應即依次一評價日該投資標的單位淨值計算本契約項下的全部、部分保單帳戶價值或遞延期滿保險金，並自該評價日起十個工作日內償付。

三、要保人申請投資標的轉換時：

(一)如欲轉出之投資標的有暫停計算投資標的單位淨值之特殊情事，則本公司應即通知要保人延緩計算欲轉出之投資標的價值；並於該暫停計算投資標的單位淨值之特殊情事消滅後，本公司應即依次一評價日該投資標的單位淨值計算欲轉出之投資標的價值。

(二)如欲轉入之投資標的有暫停計算投資標的單位淨值之特殊情事，則本公司應即通知要保人延緩計算欲轉入之投資單位數；並於該暫停計算投資標的單位淨值之特殊情事消滅後，本公司應即依次一評價日該投資標的單位淨值計算欲轉入之投資單位數。

前項暫停計算投資標的單位淨值之特殊情事須經投資標的核准發行之主管機關核准之。

投資標的之收益分配

第二十四條

本契約所提供之投資標的如有收益分配，本公司將於該投資標的發行機構之收益實際分配日，依收益分配金額及當日該投資標的單位淨值換算單位數，並置於本契約項下的保單帳戶中。前述收益分配金額如依法應繳納稅捐時，本公司應依規定代扣之。

若於前項收益實際分配日前本契約已終止或停止效力或遞延期間屆滿，其應分配但尚未實際分配之收益，本公司將於收益實際分配日起算一個月內以現金給付予要保人，逾期本公司應按年利一分加計利息給付。但逾期事由可歸責於要保人者，本公司得不負擔利息。

要保人結匯額度超過法定上限之處理

第二十五條

要保人之個人每年累積結購或結售外匯金額超過法定上限額度時，本公司於接獲通知後該日曆年度將不再受理要保人對於外幣計價基金之買入及轉入或贖回及轉出，並將儘速以書面通知要保人。

年齡的計算及錯誤的處理

第二十六條

要保人在申請投保時，應將被保險人出生年月日在要保書填明。

被保險人的投保年齡發生錯誤時，依下列規定辦理：

一、真實投保年齡高於七十歲者，本契約無效，本公司應將已繳保險費無息退還要保人，如有已給付年金者，受益人應將其無息退還本公司。

二、因投保年齡錯誤，而致本公司短發年金金額者，本公司應計算實付年金金額與應付年金金額的差額，於下次年金給付時按應付年金金額給付，並一次補足過去實付年金金額與應付年金金額的差額。

三、因投保年齡錯誤，而溢發年金金額者，本公司應重新計算實付年金金額與應付年金金額的差額，並於未來年金給付時扣除。

前項第一、二款情形，其錯誤原因歸責於本公司者，應加計利息退還，其利息按給付當時本公司訂定之保險單借款利率計算。

受益人的指定及變更

第二十七條

本契約受益人於被保險人生存期間為被保險人本人，本公司不受理其指定或變更。

除前項約定外，要保人得依下列規定指定或變更受益人：

一、於訂立本契約時，得經被保險人同意指定身故受益人，如未指定者，以被保險人之法定繼承人為本契約身故受益人。

二、除聲明放棄處分權者外，於保險事故發生前得經被保險人同意變更身故受益人，如要保人未將前述變更通知本公司者，不得對抗本公司。

前項身故受益人的變更，於要保人檢具申請書及被保險人的同意書送達本公司

時，本公司即予批註或發給批註書。

第二項之身故受益人同時或先於被保險人本人身故，除要保人已另行指定外，以被保險人之法定繼承人為本契約身故受益人。

本契約如未指定身故受益人，而以被保險人之法定繼承人為本契約身故受益人者，其受益順序適用民法第一千一百三十八條規定，其受益比例除契約另有約定外，適用民法第一千一百四十四條規定。

變更住所
第二十八條

要保人的住所有變更時，應即以書面通知本公司。

要保人不為前項通知者，本公司之各項通知，得以本契約所載要保人之最後住所發送之。

時效
第二十九條

由本契約所生的權利，自得為請求之日起，經過兩年不行使而消滅。

管轄法院
第三十條

因本契約涉訟者，同意以要保人住所地地方法院為第一審管轄法院，要保人的住所在中華民國境外時，以本公司總公司所在地地方法院為第一審管轄法院。但不得排除消費者保護法第四十七條及民事訴訟法第四百三十六條之九小額訴訟管轄法院之適用。

附表一、相關費用明細表

費用項目	內容
保費費用	無
保單管理費用	1. 第一至第七保單年度每月以保單帳戶價值的百分之零點零六加計新台幣捌拾元計算。 2. 第八保單年度起每月以新台幣捌拾元計算；年金給付開始日後不再收取本項費用。
保險成本	無
解約費用	第一至第七個保單年度收取解約金額之2%
投資機構收取之相關費用(共同基金)	1. 申購手續費：無。 2. 經理費：由基金淨值中扣除，不另外向客戶收取。 3. 保管費：由基金淨值中扣除，不另外向客戶收取。 4. 贖回手續費：無。 5. 轉換手續費：無。 6. 其它費用：無
投資相關費用(新台幣貨幣帳戶)	1. 經理費：已反映於宣告利率中。 2. 其它費用：無。

附表二、投資標的總表

標的	幣別	是否有單位淨值	是否配息	發行公司
1. 富樂台灣股價指數基金	新台幣	有	否	F公司
2. 全球高收益債券基金	美元	有	是	F公司
3. 全球股價指數基金	美元	有	否	C公司
4. 中國基金	美元	有	否	B公司
5. 歐洲基金	歐元	有	否	P公司
6. 東協基金	美元	有	否	J公司
7. 新台幣貨幣帳戶	新台幣	有	否	XFY公司

附表三、評價時點一覽表

標的	買入評價時點	贖回評價時點	轉出評價時點	轉入評價時點
1. 富樂台灣股價指數基金	T+1	T+2	T+2	S+1
2. 全球高收益債券基金	T+1	T+2	T+2	S+1
3. 全球股價指數基金	T+1	T+2	T+2	S+1
4. 中國基金	T+1	T+2	T+2	S+1
5. 歐洲基金	T+1	T+1	T+1	S+1
6. 東協基金	T+1	T+2	T+2	S+1
7. 新台幣貨幣帳戶	T+1	T+1	T+1	S+1

附錄三：部分兩岸年金保險相關用語比對

1. 商品內容方面

台灣用語	中國大陸用語
躉繳	躉交
分期繳	期交
附加費用；保費費用	初始費用
解約費用；提領費用	退保費用
宣告利率	結算利率
投資型保險	投資連結保險
目標保險費	基本保險費
超額保險費	額外保險費
危險保額	風險保額
危險保費	死亡風險保費
契約	合同
保證最低身故（死亡）給付	最低身故利益保證
保證最低滿期給付	最低滿期利益保證
保證最低年金給付	最低年金給付保證
保證最低帳戶價值	最低累積利益保證
保證最低提領給付	最低提領利益保證

2. 壽險經營與其他方面

台灣用語	中國大陸用語
人口老化／人口高齡化	人口老齡化
銷售通路	銷售渠道
業務員	營銷員
多層式	多支柱
揭露	批露
風險適合度問卷	風險測評
申訴	投訴
給付利益範例(建議書範例)	利益演示

附錄四：中國大陸年金保險相關規範

关于开展变额年金保险试点的通知

2011-05-10

保监寿险〔2011〕624号

北京、上海、广东、深圳、厦门保监局，各寿险公司、养老保险公司：

为促进产品创新，满足人们不断增长的保险需求，经研究，我会决定进行变额年金保险试点。现将有关事项通知如下：

一、保险公司参与变额年金保险试点，应当具备下列条件：

（一）经营投资连结保险业务满三年；

（二）最近一年内无受中国保监会重大行政处罚的记录；

（三）上一年度末及提交申请前最近两个季度末偿付能力处于充足II类；

（四）建立支持变额年金保险管理模式的信息系统。

二、保险公司应当依据《变额年金保险管理暂行办法》和本通知的要求开发变额年金保险产品，经我会批准后，方可开始销售。

三、试点期间，一家保险公司仅限申报一个变额年金保险产品。

四、试点期间，保险公司申报的变额年金保险产品的保险期间不得低于7年。

五、变额年金保险产品名称应符合以下一般格式：

保险公司名称＋吉庆、说明性文字＋承保方式＋年金保险（变额型）

六、提交试点申请时，保险公司应同时申请产品的销售方式和销售额度。

销售方式是指是否采取批次销售的模式。

销售额度是指销售试点产品、获得保费收入的上限。销售额度不得超过保险公司最近季度末偿付能力报告中实际资本的4倍与80亿元的较小者。

七、试点期间，变额年金保险的销售区域仅限于北京市、上海市、广州市、深圳市、厦门市。

保险公司不得超出试点区域销售变额年金保险。

八、试点期间，保险公司可以通过保险营销员、团险外勤、银行保险渠道销售变额年金保险产品。

保险公司通过银行保险渠道销售变额年金保险的，应严格限制在理财专柜销

售，不得通过储蓄柜台销售变额年金保险。

保险公司通过团险外勤销售变额年金保险的，应将销售对象严格限制为团体客户。

九、保险公司应当通过合格的销售人员，将变额年金保险产品销售给具有相应风险承受能力的客户人群。

保险公司应建立风险测评制度。变额年金保险销售人员需与客户共同完成对客户财务状况、投资经验、投保目的，以及对相关风险的认知和承受能力的分析，评估客户是否适合购买所推介的变额年金保险产品，并将评估意见告知客户，双方签字确认。如果客户评估报告认为该客户不适宜购买，应劝其不要购买；客户仍然坚持购买的，保险公司应以专门文件列明保险公司意见、客户意愿和其他需要说明的必要事项，双方签字认可。

十、试点期间，变额年金保险的销售人员应具备以下条件：

（一）大专以上学历；

（二）除团险外勤销售人员外，变额年金保险的销售人员应当取得中国保监会规定的相应资格；

（三）参加过变额年金保险专项培训，专项培训时间不得少于40个小时且考试成绩合格；

（四）一年以上寿险产品销售经验，无重大违规行为和欺诈行为。

十一、保险公司应当加强对变额年金保险销售人员和代理机构销售人员的培训，特别是法律法规、职业道德和业务知识方面的培训，确保销售人员具备必要的知识和技能，防止发生误导投保人的行为。

十二、保险公司申报变额年金保险试点产品审批，应按照《人身保险产品审批和备案管理办法》提交相关材料，并满足以下要求：

（一）产品可行性报告中，应包含该产品满足本通知要求的论证；

（二）业务管理办法中，应论证并阐述该产品管理模式以及配套的管理信息系统，阐述管理流程及责任；

（三）产品精算报告中定价部分，应当包含该产品的定价方法、定价模型和定价参数。公司总精算师须论证并阐述费率的合理性；

（四）产品精算报告中准备金评估部分，应当包含该产品的准备金评估方法、评估模型和评估参数。公司总精算师须论证并阐述准备金

提取的充足性；

（五）针对变额年金产品的风险管理办法。

十三、各试点地区保监局应跟踪辖区内变额年金保险的试点情况，监督检查辖区内试点保险公司分支机构、代理销售机构的培训与销售情况，并将出现的问题及时向中国保监会报告。

中国保险监督管理委员会

二〇一一年五月五日

变额年金保险管理暂行办法

第一章 总 则

第一条 变额年金保险，是指保单利益与连结的投资账户投资单位价格相关联，同时按照合同约定具有最低保单利益保证的人身保险。

变额年金保险应当约定年金给付保险责任，或提供满期保险金转换为年金的选择权。年金给付应当在保单签发时确定领取标准，并不允许夏领。年金选择权可以在保单签发时保证领取标准，或在满期保险金转换为年金时再确定年金的领取标准。

变额年金保险可以提供以下最低保单利益保证：

（一）最低身故利益保证，是指被保险人身故时，若保单账户价值低于保单约定的最低身故金，受益人可以获得最低身故金；若保单账户价值高于最低身故金，受益人可以获得保单账户价值。

（二）最低满期利益保证，是指保险期间届满时，若保单账户价值低于保单约定的最低满期金，受益人可以获得最低满期金；若保单账户价值高于最低满期金，受益人可以获得保单账户价值。

（三）最低年金给付保证，是指在保单签发时确定最低年金领取标准。

（四）最低累积利益保证，是指在变额年金保险累积期内的当前资产评估日，若投资单位价格低于历史最高单位价格的约定比例，保单账户价值以历史最高投资单位价格的该比例计算；若投资单位价格高于历史最高投资单位价格的约定比例，保单账户价值以投资单位价格计算。

历史最高投资单位价格，是指账户设立以来的最高历史投资单位价格。

第二条 本通知所称投资账户，是指保险公司依照《投资连结保险管理暂行办法》（保监发〔2000〕26号）和《投资连结保险精算规定》（保监寿险〔2007〕335号）设立、管理和评估的投资账户。

变额年金保险可以连结到一个或多个投资账户。

第三条 变额年金保险保单应当具有保单账户价值。保单账户价值为保单连结的投资账户单位数乘以投资单位价格。在最低累积利益保证的情形下，若投

资单位价格低于历史最高单位价格乘以约定比例，保单账户价值为保单连结的投资账户单位数乘以历史最高单位价格乘以约定比例。

变额年金保险保单连结多个投资账户的，保单账户价值应当将保单在各个投资账户中的价值加总计算。

第四条　变额年金保险的费用结构与上限，参照《投资连结保险精算规定》执行。

第五条　除本办法第四条所列费用外，保险公司对于变额年金保险还可以收取保证利益费用，即保险公司为提供最低保单利益保证而收取的费用。

保证利益费用可以按照保单账户价值或最低保单利益保证的一定比例，并以扣除投资单位数的方式收取。

第六条　保险公司应当按照普遍认可的精算原则、期权定价模型或随机模型，审慎确定参数进行合理定价。

第七条　变额年金保险的现金价值为保单账户价值与退保费用之间的差额。

保险公司可以收取的退保费用参照《投资连结保险精算规定》。

第八条　保险公司应当在保险合同中约定各项费用收取的最高水平。

第二章　管理模式

第九条　保险公司应审慎评估提供最低保单利益保证可能导致的风险，采取相应的管理模式，降低风险。

第十条　保险公司应根据所采取的管理模式，建立支持变额年金保险的管理信息系统，配备具有相关专业知识的精算人员、投资人员和风险管理人员。

保险公司应对变额年金保险采用的管理模式、数量模型、模型参数及投资实施，建立适当的管理流程，明确责任。

第十一条　保险公司开办变额年金保险的，除仅提供最低身故利益保证外，应采用中国保监会认可的管理模式。

中国保监会认可的管理模式有：内部组合对冲模式和固定乘数平衡模式。

第十二条　本办法认可的管理模式中所称风险资产指具有一定市场风险或违约风险，流动性良好的资产。

无风险资产指无违约风险或违约风险极低，具有良好流动性的资产。

第十三条　本办法中的无风险资产包括现金、国债、央行票据、政策性银行金融债、货币市场基金。

第三章　内部组合对冲模式

第十四条　保险公司应设立一个无风险资产账户。该账户应独立于投资账户，并能够单独核算，账户资产按照市价估值。

第十五条　保险公司应当按照资产负债匹配管理的原则，通过内部模拟期权的方式管理最低保单利益保证。

（一）保险公司应当根据保单负债情况（保单持有人持有的投资账户单位数）计算变额年金保险产品应当持有的投资账户多头。

（二）保险公司应当根据所选择的期权定价模型，确定相关参数，构建投资账户空头（内部卖出投资账户单位）与无风险资产账户多头（内部买入无风险资产）相结合的资产组合，模拟保单约定的最低保单利益保证。

（三）保险公司按照本条（一）和（二）确立的投资账户多头和投资账户空头应当统筹考虑，并通过买入投资单位或卖出投资单位的方式实现。

（四）保险公司应动态调整投资账户多头、投资账户空头与无风险资产账户多头间的头寸，以适应现金流变化，并对冲面临的主要风险。

动态调整评估频率不得低于每周一次。

（五）公司应确定偏差容忍度，并据以调整账户头寸。

这里的偏差容忍度，是指保险公司对投资账户与无风险资产账户实际头寸与模型头寸偏离可以容忍的程度。

第十六条　变额年金保险应当对冲的风险至少包含市场风险与利率风险，并对波动性风险进行有效管理。

第十七条　公司内部组合对冲管理，不得影响各投资账户的正常运作与单位价格的计算。

第十八条　保险公司应采用基于无套利理论的期权定价或随机模拟模型，并据以进行产品定价及对冲管理。

保险公司应以布莱克—斯科尔斯（Black—Scholes）模型为参考，选取适当的分布函数产生经济情景及相关参数，并说明所选分布函数的合理性。

第四章　固定乘数平衡模式

第十九条　保险公司采用固定乘数平衡管理模式的，应设立投资账户。该投资账户下应明确划分风险资产和无风险资产。

第二十条　固定乘数平衡，是指根据投资乘数、价值底线等参数，动态地调整投资账户中风险资产和无风险资产间的投资比例，以管理最低保单利益保证的模式。

（一）投资乘数基于风险资产的波动率、流动性、公司的风险偏好等合理确定，在动态调整中应固定不变。

（二）价值底线等于最低保单利益保证在计算当日的现值。

贴现率以无风险资产收益率为基础确定。

（三）保险公司应当参照本条（一）和（二）确定的投资乘数和价值底线，计算风险资产目标头寸，并据以动态调整无风险资产和风险资产的头寸。

风险资产目标头寸＝投资乘数×（账户价值－价值底线）。

风险资产目标头寸不得超过账户价值。

动态调整评估频率不得低于每周一次。

（四）公司应确定偏差容忍度，并据以调整无风险资产和风险资产头寸。

这里的偏差容忍度，是指保险公司对风险资产的实际头寸和目标头寸的偏离可以容忍的程度。

第二十一条　采用固定乘数平衡管理模式的，除提供最低累积利益保证的产品外，应采取批次销售的方式。

采用固定乘数平衡管理模式，并提供最低累积利益保证的，如果管理模式支持，可以不采取批次销售的方式。

第二十二条　批次销售，是指在约定时段内进行集中销售。约定时段不得超过3个月。

采用批次销售的，每一集中销售期均应设立一个对应的投资账户。

销售结束后，投资账户应封闭，但发生赔付、退保等除外。

第二十三条　采用批次销售的，保险公司应在条款中约定销售期结束后的某日为投资开始日，该期间承保的保单将从该日起集中进行投资运作。

第二十四条　采用批次销售的，集中销售期需在产品申报时进行详细说明。

保险公司应在客户投保时履行告知义务，需在投保书或产品说明书中明确其对应投资开始日。

第二十五条　采用批次销售的，销售期间资金的投资活动仅限于银行活期存款、通知存款、货币市场基金等流动性高的金融工具。

集中销售期间获得的投资收益为投保人所有，销售结束后应按各投保人的资金数量及投保时间公平、合理地分配到各投保人的个人账户。

第二十六条　采用批次销售的，集中销售期间退保的，应退还投保人全部保费。

第五章　责任准备金提取要求

第二十七条　变额年金保险责任准备金由单位准备金、非单位准备金和保证利益准备金三部分构成。

第二十八条　单位准备金、非单位准备金的提取方法，参照《投资连结保险精算规定》。

计算非单位准备金使用的现金流不应包括保证利益收费及相关的佣金、营运成本和总部费用支出。

第二十九条　保险公司应当提取保证利益准备金，为保证利益准备金建立适合的评估流程，明确职责，并保证准备金评估流程切实实施。总精算师需要依据审慎性原则选择准备金评估的模型、评估假设，定期更新评估假设并对结果的合理性和充分性负责。

第三十条　除最低身故利益保证外，保证利益准备金应取以下两种方法计算结果的较大者：

（一）蒙特卡罗随机模拟法：

1、计算方法

（1）在每一个情景下计算该情景的"最大累计缺口现值"，

①在从评估日至保证期满的整个预测期内，预测在未来每个时间点的G值和账户价值，以及在未来每个时间点发生的保证利益收费，与保证利益相关的佣金、营运成本和总部费用。

预测时间点的G值在保证触发前为保单账户价值，在保证触发后为保单保证的利益。保单提供最低年金给付保证的，保单保证的利益在保证触发后为最低年金领取标准的精算现值，评估方法和假设遵循有关精算规定。

时间点间隔不大于一年。

各时间点的累计缺口金额（累计缺口金额$_t$）为以下二者之和，即

累计缺口金额$_t = a_t + b_t$：

a）该时间点预测的G值（G_t）减去预测的账户价值（AV_t）的余额，与零的大者，即 $a_t = \max(G_t - AV_t, 0)$

b）从评估日到该时间点，各时间点与保证利益相关的佣金（G_Comm_t）、营运成本（G_OExp_t）和总部费用（G_OH_t）按无风险利率（r_f）的累计值，减去保证利益收费（G_Chg_t）按无风险利率的累计值。即

$$b_t = \sum_{i=1}^{t}(G\_Comm_i + G\_OExp_i + G\_OH_i) \times (1+r_f)^{t-i} - \sum_{i=1}^{t}(G\_Chg_i) \times (1+r_f)^{t-i}$$

②最大累计缺口现值是评估日的各时间点累计缺口金额精算现值（APV_t）中的最大值。即 $APV_t = {}_tP_x \times V^t \times$累计缺口金额$_t$，其中 ${}_tP_x$ 中考虑了死亡率和退保率。

（2）重复上述过程，为每一情景建立"最大累计缺口现值"，

（3）基于"最大累计缺口现值"计算条件尾部金额，

①对所有的最大累计缺口现值按降序排序，条件尾部金额是排名前30%的最大累计缺口现值的算术平均值。

②计算时，最大累计缺口现值不得为负，所有小于零的最大累计缺口现值会被设置为零。

2、账户价值的预测

（1）保险公司应至少为权益类、固定收益类资产选择可观测的流动性强的指数，为货币市场类资产选择可观测的收益指标。

（2）对不同资产类别的指数和收益指标选择适合的随机模型模拟。

（3）公司内各独立投资账户可依据投资策略，由不同的指数或收益指标建立模拟账户来模拟投资账户的随机变化，并审慎的设立拟合度标准，定期验证拟合度。

（4）预测账户价值时，采用评估日投资账户各类资产实际的配置比例，并在整个预测期内保持不变。

如果公司采用固定乘数平衡模式，且已在合同中约定投资账户内无风险资产和风险资产的比例，该比例应该按约定方法随情景调整。显著的成本应计入累计缺口金额计算中的运营成本。

3、模拟情景

（1）最少使用1000个情景。

（2）每个情景须至少按年模拟指数或收益指标的变化，情景可模拟至所有保证期满，如果情景结束后还有未来保证责任，该部分责任对准备金评估不应产生实质影响。

（3）需要对情景进行校验。权益类指数的最低校验标准如下表所示，情景校验不需要通过所有的校验标准，总精算师需要审慎的判断未通过的校验标准不会对准备金计算产生实质影响。其他指数或收益指标的校验标准由总精算师依据审慎性原则制定。

分位点	一年	三年	五年	七年	十年
2.50%	0.63	0.49	0.42	0.40	0.38
5.00%	0.70	0.56	0.50	0.48	0.47
10.00%	0.76	0.66	0.62	0.61	0.62
90.00%	1.42	1.97	2.54	3.25	4.32
95.00%	1.56	2.33	3.18	4.11	5.77
97.50%	1.68	2.68	3.79	5.12	7.58

校验标准表示期末权益类指数分布对应分位点下的模拟值上限。如一年期、2.5%分位点的校验标准0.63表示在1000个情景中不少于25个情景，权益类指数在一年末价值不高于起点价值的0.63倍，则可以通过校验。

（4）不同资产类别间预期收益的协方差不得为负。

（5）不同资产类别的预期收益和方差满足风险市场价格关系。

（6）情景中除无风险利率外无均值回归假设；对于无风险利率的长期均值和回归速率需要按照审慎性原则确定。

4、分组评估

可以将风险特性相似的保单分组评估，但不可以相互抵消降低准备金。

5、对于不依赖情景的假设由总精算师依据审慎原则确定

（1）明确区分最优估计假设，和针对估计不确定性的风险边际。设定风险边际时对各假设应整体考虑。

（2）折现率使用评估日无风险收益率曲线。

（3）死亡率使用《中国人寿保险业经验生命表（2000－2003）》。根据保险责任的不同，保险公司应当按照经验生命表的适用范围，使用相应保守的经验生命表。

（4）可以审慎地使用动态假设，但当保证利益高于账户价值时，动态退保假设不可以高于下表

保证利益/账户价值	小于110%	大于等于110%
退保假设	2%	0%

6、计算各年年末的累计缺口金额时可以考虑再保险的影响。公司对冲策略不影响准备金计算。

（二）静态精算评估法

1、基于未来法，按照以下标准情景或中国保监会指定的其它情景计算。标准情景是指在评估日各类资产价值下跌1倍标准差，然后按照各自的平均收益率增长。标准差和平均收益率由模拟情景产生。并且，权益类资产标准差不低于30%，平均收益率不高于5%。

2、$V_t = Max(APV(GB) - (AV_t - APV(Chg)), 0)$，其中 AV_t 为t时刻按照标准情景下跌后的保单账户价值，$APV(Chg)$ 为账户中除保证利益收费外的其他收费的精算现值，$APV(GB)$ 为保证利益的精算现值。

3、折现率采用标准情景中的平均收益率。

4、评估死亡率应采用《中国人寿保险业经验生命表（2000－2003）》。

5、静态精算评估法可以考虑再保险的影响。

第三十一条　对于最低身故利益保证的评估，根据上述蒙特卡罗模拟情景将未来最低身故保证利益高于账户价值部分的精算现值减去未来相关收费的精算现值的余额，与零的大者。对所有情景计算出的上述值按降序排序，最低身故利益保证的保证利益准备金为排名前30%的算术平均值。

第六章　信息披露要求

第三十二条　变额年金保险的信息披露，除本通知第三十三、第三十四条、第三十五条规定外，比照中国保监会有关投资连结保险的信息披露制度执行。

第三十三条　保险公司应明确披露收取的保证利益费用。

第三十四条　保险公司应明确披露最低保单利益保证 给付的条件。

第三十五条　采用固定乘数平衡管理模式的变额年金保险应在产品说明书中披露以下信息：

　　　　（一）固定乘数平衡管理模式的运作原理

　　　　（二）风险资产、无风险资产投资范围

　　　　（三）投资乘数

　　　　（四）价值底线的计算方法

　　　　（五）账户集中情景风险

账户集中情景，是指在动态调整中造成投资账户全部集中在无风险资产的情景。

第七章　附　则

第三十六条　本办法由中国保监会负责解释。

第三十七条　本办法自发布之日起施行。

投资连结保险精算规定

第一部分　适用范围

一、本规定适用于个人投资连结保险和团体投资连结保险。

第二部分　风险保额

二、除本条第二款规定情形外，个人投资连结保险在保单签发时的死亡风险保额不得低于保单账户价值的5%。

年金保险的死亡风险保额可以为零。此处年金保险是指提供有年金选择权的投资连结保险。

团体投资连结保险的死亡风险保额可以为零。

死亡风险保额是指有效保额减去保单账户价值。其中有效保额是指被保险人因疾病和意外等身故时，保险公司支付的死亡保险金额。

三、投资连结保险可以提供死亡保险责任以外的其他保险责任。

第三部分　投资账户评估与投资单位定价

四、投资连结保险及投资账户均不得保证最低投资回报率。

五、投资单位定价应当在各投保人之间保持公平，即在任何投资单位的交易中，不参与交易的投保人的利益不受影响。

六、评估投资账户时，应评估投资账户内的所有资产及负债。

投资账户有未实现资本利得时，应扣除未实现资本利得的营业税。处于扩张阶段的投资账户，扣除预期税金的折现值；处于收缩阶段的投资账户，扣除不折现的预期税金。

七、投资账户评估及投资单位的买入价和卖出价

保险公司评估投资账户价值，应当先判断投资账户处于扩张阶段还是收缩阶段。从长期趋势来看，投资单位的申购数量大于投资单位的赎回数量时，投资账户处于扩张阶段；反之，当投资单位的申购数量小于投资单位的赎回数量时，投资账户处于收缩阶段。投资账户价值和投资单位的价格计算如下表所示：

	处于扩张阶段的账户	处于收缩阶段的账户
总资产	以账户资产买入价（即市场主体卖出价）计算的所有投资资产的价值，加上假设在账户评估日买入所有投资资产时发生的交易费用和税金 现金资产 应收已卖出资产收入 应收已公布的红利收入 预提利息收入 其他资产	以账户资产卖出价（即市场主体买入价）计算的所有投资资产的价值，减去假设在账户评估日卖出所有投资资产时发生的交易费用和税金 现金资产 应收已卖出资产收入 应收已公布的红利收入 预提利息收入 其他资产

总负债	应付已买入资产款项 应付税金 应付资产管理费 其他负债
账户价值（NAV）	账户价值= 总资产−总负债
投资单位数	N
投资单位价值（P）	P = NAV / N
投资单位卖出价（Pb）	Pb = P
投资单位买入价(Po)	Po = P × (1+买入卖出差价)

投资单位的买入价和卖出价是对投保人而言。其中买入价是资金进入投资账户，折算为投资单位时所用的价格；卖出价是资金退出投资账户，将投资账户中的投资单位兑现为现金时所使用的价格。

保险公司应以合理的人民币货币单位表示投资单位的买入价和卖出价。最小单位应至少保留人民币元小数点后四位。处于扩张阶段的账户，其单位价格应向上舍入；处于收缩阶段的账户，其单位价格应向下舍入。

保险公司采用账户资产买入价或者卖出价作为基础评估投资账户价值确有困难的，经中国保险监督管理委员会（以下简称"保监会"）批准，可以采用其他合理的市场价格作为评估的基础。

八、保险公司应当至少每周对投资账户中的资产价值评估一次。对投保人

买入卖出投资单位的要求，保险公司应使用下一个资产评估日的单位价格，否则，需报保监会批准。

九、每个投资账户的资产价值不得低于该投资账户对应的单位准备金金额。投资账户资产价值高于对应的单位准备金金额的，其超出部分不得高于投资账户资产价值的2%和人民币500万元中的大者。

第四部分 费用的收取

十、投资连结保险可以并且仅可以收取以下几种费用：

（一）初始费用，即保险费进入投资账户之前扣除的费用。

（二）买入卖出差价，即投保人买入和卖出投资单位的价格之间的差价。

（三）死亡风险保险费，即保单死亡风险保额的保障成本。风险保险费应通过扣除投资单位数的方式收取，其计算方法为死亡风险保额乘以死亡风险保险费费率。

保险公司可以通过扣除投资单位数的方式收取其他保险责任的风险保险费。

（四）保单管理费，即为维护保险合同向投保人或被保险人收取的管理费用。

保单管理费应当是一个与保单账户价值无关的固定金额，在保单首年度与续年度可以不同。保险公司不得以保单账户价值一定比例的形式收取保单管理费。

对于团体投资连结保险，保险公司可以在对投保人收取保单管理费的基础上，对每一被保险人收取固定金额形式的保单管理费。

（五）资产管理费，按账户资产净值的一定比例收取。账户资产净值扣除保险公司本期应收取的资产管理费后，应当等于本规定第七条所列示的期末账户价值（NAV）。

（六）手续费，保险公司可在提供账户转换、部分领取等服务时收取，用以支付相关的管理费用。

（七）退保费用，即保单退保或部分领取时保险公司收取的费用，用以弥补尚未摊销的保单获取成本。

十一、期交保险费形式的投资连结保险的保险费由基本保险费和额外保险费构成。

基本保险费不得高于保险金额除以20，并不得高于人民币6000元。此处保险金额是指保单签发时的死亡保险金额。

保险公司对同一投保人、同一被保险人销售有多张同一产品的投资连结保单的，所有有效保单的基本保险费之和不得高于人民币6000元。

期交保险费高于基本保险费的部分为额外保险费。

十二、基本保险费初始费用的比例不得超过下表所示的上限。投保人暂缓支付保险费的，以后每次支付保险费时，其中基本保险费的初始费用上限应当参照该保险费原属保单年度的上限。

保单年度	初始费用上限
第一年	50%
第二年	25%
第三年	15%
第四、五年	10%
以后各年	5%

十三、额外保险费初始费用比例的上限为5%。

十四、期交保险费保单追加保险费的初始费用比例的上限为5%。

十五、趸交保险费形式的投资连结保险初始费用的比例不得超过下表所示的上限：

保险费	初始费用上限
人民币50000元及以下部分	10%
人民币50000元以上部分	5%

趸交保险费保单追加保险费的初始费用比例的上限为5%。

十六、团体投资连结保险保险费的初始费用比例的上限为5%。

十七、投资连结保险的初始费用不得以减少保单账户价值的形式扣除。

十八、投资连结保险的买入卖出差价不得超过2%。

十九、投资连结保险资产管理费年度百分比最高为2%。

保险公司将账户资产委托第三方管理时，保险公司与第三方收取的资产管理

费之和不得超过本条第一款规定的比例。

二十、对于趸交保险费形式的投资连结保险，保险公司收取的退保费用不得高于保单账户价值或者部分领取部分对应的保单账户价值的以下比例：

保单年度	若初始费用小于或等于零	若初始费用大于零
第一年	10%	10%
第二年	9%	8%
第三年	8%	6%
第四年	7%	4%
第五年	6%	2%
第六年	5%	0
第七年	4%	0
第八年	3%	0
第九年	2%	0
第十年	1%	0
第十一年及以后	0	0

对于期交保险费形式的投资连结保险，保险公司收取的退保费用不得高于保单账户价值或者部分领取部分对应的保单账户价值的以下比例：

保单年度	退保费用
第一年	10%
第二年	8%
第三年	6%
第四年	4%
第五年	2%
第六年及以后	0

保单账户价值和现金价值（即保单账户价值与退保费用之间的差额）应当同时列示在利益演示表上。

二十一、投资连结保险应当保证各项费用收取的最高水平。若不保证，应在合同条款中约定变更收费水平的方法。

保险公司不得通过费用水平调整弥补过去的费用损失。

二十二、保险公司应当在保险合同中约定死亡风险保险费费率的最高水平，

该最高水平应当表示成中国人寿保险业经验生命表的一定百分比。

非标准体保险合同的死亡风险保险费应由保险公司根据普遍认可的精算原则确定，不适用本条第一款的规定。

二十三、对于团体投资连结保险，保险公司可以在备案或审批的费用基础上，在本规定的范围内进行合理调整。

第五部分　持续奖金

二十四、投资连结保险可以提供持续奖金。持续奖金是保险公司对持续有效的保单或持续交费的保单，满足合同约定条件时给予的奖金。保险公司应当在保险合同和产品说明书上明确说明持续奖金发放的条件及金额。

二十五、保险公司应在产品精算报告中对有关持续奖金的设计、发放、准备金的计提方法以及对公司财务的影响等进行阐述。

第六部分　现金价值与责任准备金

二十六、现金价值指保单账户价值与退保费用之间的差额。

保单账户价值用投资单位卖出价计算。

二十七、责任准备金由单位准备金及非单位准备金两部分构成。

（一）单位准备金等于准备金评估日的保单账户价值。

（二）为确保未来对保单账户之外的理赔、营业费用、持续奖金等支出有足够的支付能力，保险公司应遵循普遍认可的精算原则决定是否提取非单位准备金及提取方法。

保险公司可以参照下述现金流折现方法计算非单位准备金，具体步骤如下：

1、预期在未来的每个时间段内，保单账户以外的现金流（包括所有保证和非保证保险利益的现金流）；

2、若预期的净现金流在未来的某些时间点为负值，则从最远的负值点（n）往回，按如下递推公式计算：

$$V_{n-1} = -PV_{n-1}(CF_n)$$

$$V_{n-t} = \max(0,\ PV_{n-t}(V_{n-t+1}) - PV_{n-t}(CF_{n-t+1}))$$

其中：

（1）时间段最长为一年。

（2）V_t 为t时刻的责任准备金，t=0，1…，n-1。

（3）CF_t 为[t-1，t]时间段内的净现金流，t=1，2…，n。

（4）$PV_t(\ )$ 为相应项目在t时刻的精算现值。

使用上述现金流折现方法时，应遵循普遍认可的精算原则选取精算假设，其中折现使用的利率应以保险公司预计回报率为基础，但不得高于5%。

二十八、责任准备金的其他要求

（一）保险公司应当按照普遍认可的精算原则，对投资连结保险的保证利益提取适度的责任准备金。

（二）责任准备金应逐单计算。但是，若保险公司认为将具有相似特徵的保单分组计算的结果与逐单计算的结果无实质性差异，经保监会批准，也可采用分组方法计算。

万能保险精算规定

第一部分　适用范围

一、本规定适用于个人万能保险和团体万能保险。

第二部分　风险保额

二、除本条第二款规定情形外，个人万能保险在保单签发时的死亡风险保额不得低于保单账户价值的5%。

年金保险的死亡风险保额可以为零。此处年金保险是指提供有年金选择权的万能保险。

团体万能保险的死亡风险保额可以为零。

死亡风险保额是指有效保额减去保单账户价值。其中有效保额是指被保险人因疾病和意外等身故时，保险公司支付的死亡保险金额。

三、万能保险可以提供死亡保险责任以外的其他保险责任。

第三部分　万能账户及结算利率

四、万能保险应当提供最低保证利率，最低保证利率不得为负。

五、保险公司应当为万能保险设立万能账户。

万能账户可以是单独账户，也可以是公司普通账户的一部分。万能账户应当能够提供资产价值、账户价值和结算利息等信息，满足保险公司对该万能账户进行管理和利率结算的要求。

六、保险公司应当为万能账户设立平滑准备金，用于平滑不同结算期的结算利率。

平滑准备金不得为负，并且只能来自于实际投资收益与结算利息之差的积累。

七、当万能账户的实际投资收益率小于最低保证利率时，保险公司可以通过减小平滑准备金弥补其差额。不能补足时，保险公司应当通过向万能账户注资补足差额。在其他情况下，保险公司不得以任何形式向万能账户注资。

八、万能账户不得出现资产小于负债的情况。

九、保险公司可以在万能账户中对下列不同情形采用不同的结算利率和不同

的最低保证利率：

（一）不同的万能保险产品；

（二）不同的团体万能保险客户；

（三）不同时段售出的万能保险业务。

按照前款要求，采用不同的结算利率或不同的最低保证利率的，保险公司应当建立与之对应的子万能账户。

十、保险公司在同一个万能账户中采用不同结算利率或不同最低保证利率时，对应的操作方法应当完备、合理，遵循公平性及一贯性原则。

十一、保险公司应当尽量保持结算利率的平滑性。

第四部分　费用的收取

十二、万能保险可以并且仅可以收取以下几种费用：

（一）初始费用，即保险费进入万能账户之前扣除的费用。

（二）死亡风险保险费，即保单死亡风险保额的保障成本。风险保险费应通过扣减保单账户价值的方式收取，其计算方法为死亡风险保额乘以死亡风险保险费费率。

保险公司可以通过扣减保单账户价值的方式收取其他保险责任的风险保险费。

（三）保单管理费，即为维护保险合同向投保人或被保险人收取的管理费用。

保单管理费应当是一个与保单账户价值无关的固定金额，在保单首年度与续年度可以不同。保险公司不得以保单账户价值一定比例的形式收取保单管理费。

对于团体万能保险，保险公司可以在对投保人收取保单管理费的基础上，对每一被保险人收取固定金额形式的保单管理费。

（四）手续费，保险公司可在提供部分领取等服务时收取，用于支付相关的管理费用。

（五）退保费用，即保单退保或部分领取时保险公司收取的费用，用以弥补尚未摊销的保单获取成本。

十三、期交保险费形式的万能保险的保险费由基本保险费和额外保险费构

成。

基本保险费不得高于保险金额除以20，并不得高于人民币6000元。此处保险金额是指保单签发时的死亡保险金额。

保险公司对同一投保人、同一被保险人销售有多张同一产品的万能保单的，所有有效保单的基本保险费之和不得高于人民币6000元。

期交保险费高于基本保险费的部分为额外保险费。

十四、基本保险费初始费用的比例不得超过下表所示的上限。投保人暂缓支付保险费的，以后每次支付保险费时，其中基本保险费的初始费用上限应当参照该保险费原属保单年度的上限。

保单年度	初始费用上限
第一年	50%
第二年	25%
第三年	15%
第四、五年	10%
以后各年	5%

十五、额外保险费初始费用比例的上限为5%。

十六、期交保险费保单追加保险费的初始费用比例的上限为5%。

十七、趸交保险费形式的万能保险初始费用的比例不得超过下表所示的上限：

保险费	初始费用上限
人民币50000元及以下部分	10%
人民币50000元以上部分	5%

趸交保险费保单追加保险费的初始费用比例的上限为5%。

十八、团体万能保险保险费的初始费用比例的上限为5%。

十九、万能保险的初始费用不得以减少保单账户价值的形式扣除。

二十、对于趸交保险费形式的万能保险，保险公司收取的退保费用不得高于保单账户价值或者部分领取部分对应的保单账户价值的以下比例：

保单年度	若初始费用小于或等于零	若初始费用大于零
第一年	10%	10%
第二年	9%	8%
第三年	8%	6%
第四年	7%	4%
第五年	6%	2%
第六年	5%	0
第七年	4%	0
第八年	3%	0
第九年	2%	0
第十年	1%	0
第十一年及以后	0	0

　　对于期交保险费形式的万能保险，保险公司收取的退保费用不得高于保单账户价值或者部分领取部分对应的保单账户价值的以下比例：

保单年度	退保费用
第一年	10%
第二年	8%
第三年	6%
第四年	4%
第五年	2%
第六年及以后	0

　　保单账户价值和现金价值（即保单账户价值与退保费用之间的差额）应当同时列示在利益演示表上。

　　二十一、万能保险应当保证各项费用收取的最高水平。若不保证，应在合同条款中约定变更收费水平的方法。

　　保险公司不得通过费用水平调整弥补过去的费用损失。

　　二十二、保险公司应当在保险合同中约定死亡风险保险费费率的最高水平，该最高水平应当表示成中国人寿保险业经验生命表的一定百分比。

　　非标准体保险合同的死亡风险保险费应由保险公司根据普遍认可的精算原则确定，不适用本条第一款的规定。

　　二十三、对于团体万能保险，保险公司可以在备案或审批的费用基础上，在

本规定的范围内进行合理调整。

第五部分　持续奖金

二十四、万能保险可以提供持续奖金。持续奖金是保险公司对持续有效的保单或持续交费的保单，满足合同约定条件时给予的奖金。保险公司应当在保险合同和产品说明书上明确说明持续奖金发放的条件及金额。

二十五、保险公司应在产品精算报告中对有关持续奖金的设计、发放、准备金的计提方法以及对公司财务的影响等进行阐述。

第六部分　现金价值与责任准备金

二十六、现金价值指保单账户价值与退保费用之间的差额。

二十七、责任准备金由账户准备金及非账户准备金两部分构成。

（一）账户准备金等于准备金评估日的保单账户价值。

（二）为确保未来对保单账户之外的理赔、营业费用、持续奖金等支出有足够的支付能力，保险公司应遵循普遍认可的精算原则决定是否提取非账户准备金及提取方法。

保险公司可以参照下述现金流折现方法计算非账户准备金，具体步骤如下：

1、预期在未来的每个时间段内，保单账户以外的现金流（包括所有保证和非保证保险利益的现金流）；

2、若预期的净现金流在未来的某些时间点为负值，则从最远的负值点（n）往回，按如下递推公式计算：

$$V_{n-1} = -PV_{n-1}(CF_n)$$

$$V_{n-t} = \max(0,\ PV_{n-t}(V_{n-t+1}) - PV_{n-t}(CF_{n-t+1}))$$

其中：

（1）时间段最长为一年。

（2）V_t 为t时刻的责任准备金，t=0，1···，n-1。

（3）CF_t 为[t-1，t]时间段内的净现金流，t=1，2···，n。

（4）$PV_t(\ )$ 为相应项目在t时刻的精算现值。

使用上述现金流折现方法时，应遵循普遍认可的精算原则选取精算假设，其中折现使用的利率应以保险公司预计回报率为基础，但不得高于5%。

二十八、责任准备金的其他要求

（一）保险公司应当按照普遍认可的精算原则，对万能保险的保证利益提取适度的责任准备金。

（二）责任准备金应逐单计算。但是，若保险公司认为将具有相似特徵的保单分组计算的结果与逐单计算的结果无实质性差异，经保监会批准，也可采用分组方法计算。

作者著作摘要

廖勇誠 博士

專業期刊或研討會論文

1. 《台灣、新加坡與中國大陸企業年金之概況研究暨對於台灣企業年金制度之建議》，壽險管理，人壽保險管理學會，2010年

2. 《中國大陸投資型保險身故保障與附加費用之行政命令研究與建議》，壽險管理，人壽保險管理學會，2010年

3. 《利率變動型年金保險運用於中國農村居民退休規劃之研究與建議》，壽險管理，人壽保險管理學會，2011年

4. 《所得稅法保險費列舉扣除額之法規沿革與合理扣除額水準之研究與建議》，壽險管理，人壽保險管理學會，2012年

5. 《宏觀經濟變數對於個人年金保險發展的影響研究—台灣經驗及對大陸的借鑒》，2012 兩岸金融研討會暨高峰論壇，台灣金融教育協會，2012年5月，(與朱銘來教授共同發表)

雜誌

1. 《保單紅利，看得到未必吃得到》，消費者報導雜誌第260期，P.14-19，消基會，2002年12月

2. 《投資型壽險保單須自行承擔投資風險》，消費者報導雜誌第263期，P.46-49，消基會，2003年03月

3. 《別讓信用卡違約金找上你》，消費者報導雜誌第265期，消基會，2003年05月

4. 《養老院夜間何妨設在家中—日間托老所是不錯的選擇》，銀髮世紀季刊第十九期，中華民國老人福祉學會，2004年03月

學位論文

1. 《變額年金保險與共同基金之比較分析》，逢甲大學保險學研究所碩士論文，1997年6月（方明川教授指導）

2. 《個人年金保險發展的宏觀經濟影響因素分析—台灣地區經驗暨對於中國大

陸之借鑑》，2012年6月(中國天津南開大學經濟學院朱銘來教授指導)

書籍（參與編輯）

1. 《人身保險經營實務與研究》，台灣：白象文化，2011年11月
2. 《原來這就是保險—保險伴我走過孤寂的長廊 》，P.305-312（保險文馨獎
   佳作），平安出版社，2004年11月

國家圖書館出版品預行編目(CIP)資料

個人年金保險商品實務與研究 / 廖勇誠著. --
初版. -- 臺中市：鑫富樂文教, 2012.09
面；　公分

ISBN 978-986-88679-0-1(平裝)

1.年金保險　2.保險商品

563.748　　　　　　　　　　101016268

輕鬆學年金理財

個人年金保險
商品實務與研究

作者：廖勇誠
編輯：鑫富樂文教事業有限公司編輯部
美術設計：楊易達

發行人：廖勇誠
出版發行：鑫富樂文教事業有限公司
地址：台中市南區南陽街77號1樓
電話：(04)2260-9293
傳真：(04)2260-7762
總經銷：紅螞蟻圖書有限公司
地址：台北市內湖區舊宗路二段121巷28號4樓
電話：(02)2795-3656
傳真：(02)2795-4100

2012年9月1日 初版一刷
售　價◎新台幣300元
（缺頁或破損的書，請寄回更換）

公司網站：www.happybookp.com
回饋意見：peter.liao@happybookp.com